# 官僚たちのアベノミクス

## ——異形の経済政策はいかに作られたか

軽部謙介
Kensuke Karube



岩波新書
1703

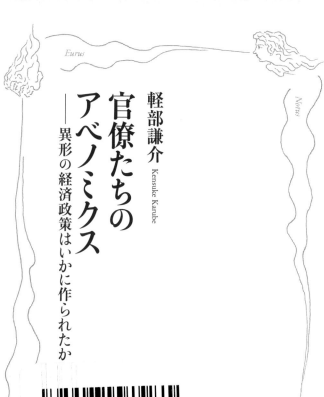

# はじめに

「異形《いぎょう》」という言葉がある。辞書を引くとこう説明されている。

普通とはちがった形。あやしい姿。(『広辞苑』)

あやしいかどうかは別にして、安倍晋三首相の経済政策、「アベノミクス」は異形だ。「三本の矢」に示された、金融政策、財政政策、構造改革はマクロ経済政策の定番。過去の政権もこの三つの組み合わせを様々なパッケージとして打ち出してきた。

しかし、アベノミクスを「異形」と称するのは、金融政策を政党の、そして政府の最重要課題に明記したことを故とする。自民党であれ、ほかの政党であれ、そのような政策展開を意図した政権はこれまでなかった。

アベノミクスは経済理論というよりも政治的なスローガンとしての色彩が濃いものだったが、

そのインパクトは大きかった。デフレと低成長が続き世界の後景に退いた日本の経済政策が、国際的にこれだけ印象深く受け止められたことは、近年記憶にない。

◆

この報告はアベノミクスへの評価を真正面から論じていない。「日本をデフレから救った」と称賛される優れた政策なのか、副作用が大きくて国民生活を窮地に追い込む主因となるのかを議論しようというわけでもない。したがって賛成か反対かの評論を期待している読者は肩透かしを食うだろう。

二〇一三年からの日本経済を規定し、様々な意味で歴史に残るであろうこの政策が、いつ、どこで、誰によって形成されていったのかの原点を記録しておこうという単純な試みである。対象とする期間はアベノミクスが始まる前後に絞っている。

アベノミクスは安倍晋三という政治家の経済政策だ。しかし、この人物は学者でもエコノミストでもない。安倍が一人ですべてを差配したわけでもない。政策意思の決定プロセスは必ず存在する。

この時代に生きたジャーナリストの一人として、「何があったのか」というファクトの集積を記録しようと試みることは本能的な動作である。

この報告の別の狙いを記すとすれば、やや理屈っぽいものになる。

◆

ザルのように「粗い目」しか通っていない政党の選挙公約とか政治家の主張は、官僚機構との作用—反作用など様々な過程を経て、実際の政策として落とし込まれていく。国家意思の出現ともいえる。

政治家が権力を握ったとき、その主張はどのように統治機構を貫徹して国民に影響を与えるものとなるのか。その際、そぎ落とされるものがあるとすれば、それはなぜなのか。

やや大げさに言えば、その過程を解明することは、現代日本の議院内閣制というチェック・アンド・バランスの効きにくい政治体制の下で、為政者の考えが国家意思に「昇格」する際に、誰がどのようにその中身に改変を加えようとし、為政者はどのような対抗手段を講じるのかという現実の緊張関係を考察することになるだろう。それは、権力の抑制機能をどう構築すればいいのかという日本の今日的課題に直結する。

そして最後にもう一つ。アベノミクスを考えるとき、政府と中央銀行の関係をどうとらえたらいいのかという疑問が生じることは不可避だ。「中央銀行の独立性」という言葉で置き換えられるこの問題にはなかなか答えが出ない。しかし、どのような立場に立つにせよ、日銀が時の権力者の風圧をどのようにしのごうとし、どのような結末を迎えたのかを具体的に記録しておくことにも意味はあろう。

◆

この報告の内容は、延べ約一二〇人へのインタビュー、公文書、議事録、メモ、日記、備忘録など様々なソースによっている。新書ということもあり、一つ一つの注釈はつけていないが、根拠のない記述はないつもりだ。また、日時や政治家の発言内容などは「首相動静」をはじめとする新聞報道を活用している。登場人物の肩書は当時のものであり、敬称は略させていただいた。

それでは報告を、二〇一二年一一月一四日の国会議事堂の委員会室から始めたいと思う。

# 目　次

# 本書に登場する主な政治家や官僚など（カッコ内は当時の肩書）

野田佳彦（首相）
枝野幸男（経済産業相）
岸本周平（経産省政務官）

安倍晋三（自民党総裁、首相）
麻生太郎（財務相）
甘利明（自民党政調会長、経済再生担当相）
菅義偉《すがよしひで》（内閣官房長官）
加藤勝信（自民党総裁特別補佐、官房副長官）
宮沢洋一（自民党政調副会長）
山本幸三（自民党「デフレ・円高解消を確実にする会」会長）
西田実仁《まこと》（公明党震災復興総合経済対策本部事務局長）
渡辺喜美《よしみ》（みんなの党代表）

杉田和博（内閣官房副長官）
佐々木豊成（内閣官房副長官補）
飯塚厚（日本経済再生総合事務局次長）

田《た》和宏《わひろし》（日本経済再生総合事務局次長）
赤石浩一（日本経済再生総合事務局次長）

真砂靖《まなごやすし》（財務事務次官）
中尾武彦（財務省財務官）
木下康司《やすし》（財務省主計局長）
田中一穂《かずほ》（財務省主税局長）
香川俊介（財務省官房長）
佐藤慎一（財務省総括審議官）
松元崇《たかし》（内閣府事務次官）
松山健士《けんじ》（内閣府審議官）
石井裕晶《ひろあき》（内閣府政策統括官）
安達健祐《けんゆう》（経産省事務次官）
立岡恒良《つねよし》（経産省官房長）
菅原郁郎《いくろう》（経産省製造産業局長）
森信親《のぶちか》（金融庁総括審議官）
香取照幸（厚生労働省年金局長）

今井尚哉《たかや》（首相秘書官）
長谷川榮一（首相補佐官）
本田悦朗（静岡県立大学教授、内閣官房参与）
浜田宏一《こういち》（エール大学名誉教授、内閣官房参与）
飯島勲（内閣官房参与）
丹呉《たんご》泰健《やすたけ》（内閣官房参与）
藤井聡（京都大学教授、内閣官房参与）
高橋洋一（嘉悦大学教授）
中原伸之（元日銀審議委員）

白川方明《まさあき》（日銀総裁）
黒田東彦《はるひこ》（日銀総裁）
山口廣秀（日銀副総裁）
西村清彦（日銀副総裁）
岩田規久男（学習院大学教授、日銀副総裁）
中曽宏《なかそひろし》（日銀理事、日銀副総裁）
雨宮正佳《まさよし》（日銀理事）
門間一夫（日銀理事）
内田真一（日銀企画局長）
石田浩二（日銀審議委員）
白井さゆり（日銀審議委員）
佐藤健裕《たけひろ》（日銀審議委員）
木内登英《たかひで》（日銀審議委員）
宮尾龍蔵（日銀審議委員）
森本宜久《よしひさ》（日銀審議委員）

佐々江賢一郎（駐米大使）
土井俊範《としのり》（駐米公使）

# I

二〇一二年一一月〜同年一二月

# 第1章　解　散

二〇〇九年九月に発足した民主党政権はピンチに立たされていた。総選挙があれば自民党の勝利はほぼ確実とみられ、衆議院解散もタイミングの問題というところまで追い詰められていたのだ。霞が関の官僚機構は選挙後の展開を見通してかなり早い段階から自民党への接触を始めていた。現代日本の議院内閣制の下で、政権与党ではなく、野党の首脳たちのところに足しげく通う官僚たちは、政治的中立性よりも自らの政策実現を重視していた。

## 突然の宣言

国会の委員会室は満員だった。

二〇一二年一一月一四日。午後三時から始まったのは国家基本政策委員会合同審査会、いわゆる党首討論だ。

衆議院の解散を明言しよう――。テーブルを前に、首相の野田佳彦は心に決めていた。政治情勢は緊迫している。解散を求める自民党に対し、消費税引き上げをめぐり党内が混乱に陥っていた与党・民主党は防戦一方だった。

野田は解散の時期を「近いうちに」とまで譲歩したが、野党の攻勢は続いた。この日の党首討論もその問題が大きなテーマになることは、会場にいる者すべてが理解していた。

もちろん野田も漫然と日を過ごしていたわけではない。ずっと解散の機会をうかがいながらタイミングをはかってきた。決断は数日前だ。

赤字国債の発行根拠となる特例公債法案が国会を通過せず、予算のやりくりも限界に近づいていたが、ここにきて法案成立への展望も開けてきた。尖閣諸島を国有化したことに端を発した中国の反日暴動も何とか鎮静化した――。そういう諸々のことを考えての決断だったと野田は言う。党首討論は、自らの決断を伝える絶好の場だ。

野田によると、この日解散を宣言することを知っていたのは、輿石東《こしいしあずま》・民主党幹事長、岡田克也・副総理、藤村修・官房長官の三人だけだったという。

首相には各省庁からの出向で秘書官がつく。彼らはこのとき自分たちのボスがこの場で何を言おうとしているのか、つかんでいなかった。三人以外の民主党幹部たちも、ましてや討論相手の自民党もまったく知らない。

「これより国家基本政策委員会合同審査会を開会いたします」という声を合図に始まった討論は、拍手と歓声、そしてヤジが飛び交うものとなった。

自民党総裁の安倍晋三は「一日も早く国民に信を問え」「この混乱した状況に終止符を打つべきだ」などと迫り、対する野田は「一票の格差と議員定数削減の実現を約束してもらえば、具体的に提示する」と応じた。

消費税引き上げをめぐっては、その年の六月に、民主、自民、公明による「三党合意」ができている。同時に、国民に負担をお願いするなら国会議員にも身を切る改革が必要ということで、定数削減などが議論されていたのだ。

その間も双方のヤジは激しさを増し、野田も安倍も声を張り上げなくてはならなかった。終盤に差しかかったとき、野田はこう言った。

「一六日に解散してもいいと思っております」

一同はこの一言に耳を疑った。一六日といえば翌々日だ。野田の後ろで、今首相は何を言ったのかと隣に確認しようとする民主党関係者の姿もみられた。しかし討論相手の安倍は議員定数削減の話で応じるなど頓珍漢な対応。「なんでピンとこないのかな」と思った野田は、もう一度「一六日に解散をします」と語気強く言い切らねばならなかった。

「今、総理、一六日に選挙をする、それは約束ですね。約束ですね。よろしいんですね。よろしいんですね」

慌てた安倍の対応がどうあれ、解散・総選挙の実施が確定した。

このころ、解散は時間の問題だと思われていた。しかし、どの世論調査をみても、いま選挙をやれば民主党は負けると出ている。まさかこのタイミングでと誰もが意表を突かれた。

野田の秘書官だった官僚はこう振り返る。

「まったく予想外だった。えっ、という感じだった」

解散表明のニュースはあっという間に霞が関にも伝わった。財務省では事務次官の部屋に幹部たちが集まってきた。テレビでみていた官僚もいれば、外出先から呼び戻された幹部もいた。そのうちの一人は、「わらわら」と古典的な言い回しでそのときの様子を表現した。

選挙の結果次第では予算編成時期が大きな影響を受けるだけでなく、政権政党が代われば編成方針も見直しが必要になってくる。事務次官の真砂靖《まなごやすし》、主計局長の木下康司《やすし》らは情勢を分析し、対応を協議した。

外務省も大慌てで情報を収集した。保守的といわれる安倍が首相の座に就けば、中国や韓国などとの外交にどう影響が出るのか、各局は地域政策についての再検討を行い、幹部会議でプレゼンテーションするよう要求された。ちょうど二〇一三年は中国、韓国などで首脳が交代時期を迎え、米国のオバマ政権も二期目を迎える。日本の首相が交代すれば変数が増え、方程式は複雑になった。

選挙があれば政権交代は確実だとして、ほかの省庁でも準備が怠りなく進められた。省庁再編により様々な案件を抱え込んでいた内閣府でも、総選挙が確定した後、事務次官の松元崇《たかし》が幹部会などで「引継ぎが生じる場合は抜かりないように」と話をした。

ただ、どこの省庁も選挙のタイミングはもう少し先だと思っていた。「年明け」「来春」など様々な憶測が飛び交っていた。

「少なくとも民主党内では来年春に予算が上がってからと思っている議員が多かった。そういう情報を聞いていたので、野田首相の決断は意外だった」

財務省の高官がこう振り返るように、一一月一四日の解散宣言は多くの驚きを呼んだ。しかし、官僚組織がどう反応しようが、事態は大きく動き出していた。

## 目立つ経産省

もともと霞が関の官僚たちは民主党政権に対して良い感情をもっていなかった。初期の「事業仕分け」もそうだし、政務三役ですべて決めていくという形で役人を排除する姿勢には多くの関係者が違和感を抱いていた。それは、のちに首相になった菅直人が「官僚主権から本来あるべき国民主権へ」（『大臣　増補版』岩波新書、二〇〇九年）と書いた理念の実行だったのだが。

「うんざりしていた。おれにやらせろと微妙な交渉に首を突っ込んでくる。格好をつけたがってどんどん外部に漏らすので、情報をすべては上げられなくなってしまった」と、ある外務官僚は話す。また財務省の幹部も、「民主党に飽き飽きしていたというのが、霞が関の正直な感覚だろう」と話す。

いずれにしても、一一月一四日の野田発言を受けて、一一月一六日解散、一二月一六日投開票と、その日のうちに日程は決まった。与野党の政治家たちは選挙区に戻り「清き一票を」と声を張り上げねばならない。

官僚機構は違った。選挙では自民党が大勝するだろうという予測のもと、準備を加速させた。彼らは早い段階から「解散はそう遠くない」とみて、静かに波立っていた。

「有権者は民主党に再び政権を任せるだろうか。答えは明らかにノーだ。それは世論調査をみても明らかだし、政治家たちから入ってくるきめ細かな情報も「自民、政権復帰」を示していた。もちろん解散のタイミングはわからない。年明けの可能性が大きい。しかし、自民党勝利が確定してから動き出しては遅いと思っていた」と、ある省庁の次官経験者は話す。

この時期での野田の決断は意外だったが、「早期解散」の予想が外れたわけではない。有力官庁は動き始めていた。新しくできる政権——よほどのことがない限り、それは自民党総裁である安倍を首班としていただくことになるが——の政策に自分たちの意思を反映してもらうために。

特に目立ったのは経済産業省だ。しかし動いたのは事務次官や官房長などではなく、このとき製造産業局長だった菅原郁郎《いくろう》ら特定の幹部たちだった。

経産省には危機感があった。国民が政権交代を選択した二〇〇九年以降、民主党政権が経産省の基本政策と合致するところはあまりなかった。

ある幹部はこんなシーンを覚えている。「あなたたちの成長戦略とは何か」と聞かれた民主党の幹部の一人が「子ども手当だ」と答えた。

「これは分配の政策だ。民主党内に成長戦略はなかった。円高は仕方がないとか、成長は不要だなどという意見もあり、日本の産業にとってマイナスの影響が拡大していった」

当時経産省は、円高、高い法人税率などを「六重苦」と呼んでいた。これらが日本の産業を傷つけているのだと。自民党も医師会や農協など利害関係者とのしがらみで規制改革に踏み切れなかったが、民主党はもっと頼りにならない――。こんな思いが経産省には広がっていた。

皮膚感覚で危機感を覚えたのは産業の空洞化だった。統計を調べると、二〇〇七年度から一一年度までの輸出は二一兆円を超える額で減少していた。急激な円高により、成長するアジア市場で競争力が失われているとみられた。経産省の幹部はこう話す。

「民主党に対する期待が幻滅に変わるのにそう時間はかからなかった。成長に関心は薄いし、改革もできないし、TPP(環太平洋連携協定)もやれない。一部には成長論者もいたが、広がらなかった」

彼らは九月の自民党総裁選挙で安倍が勝利した前後から関与を本格化させた。自民党本部や議員会館の自民党幹部の部屋に出入りする経産官僚の姿がよく目撃されるようになるのは、このころからだ。

## 再生本部と諮問会議

自民党も早くから動き出していた。早期解散を求めながら、同時に、選挙がいつあってもいいように政策づくりを急いだ。特に安倍が九月の総裁選で公約に掲げた「デフレ脱却と成長力の底上げ」の具体化は急務だった。

本来は政権奪還後に設置するはずだった「日本経済再生本部」も前倒しで党内に設置、一〇月二四日に初会合を開いた。安倍が本部長、総裁選挙で安倍の選対本部長を務めた甘利明が本部長代理、そして茂木敏充が事務総長に任命された。茂木は総裁選挙で安倍と戦った石原伸晃の参謀を務めていたが、「放っておくのはもったいない」として引っ張り出された。

経産官僚たちは、この「再生本部」の場を利用して「縮小均衡の分配政策から成長による富の創出」とか「失われた国民所得」などといった表現を、政治家たちに献上した。政調会長として政策全般を取り仕切る甘利が「産業投資立国」という表現を主張するなど、自民党側もそれに応じた。

キャッチボールをしながら、経産官僚たちは「成長重視」の甘利たちとの親和性を感じていた。ある幹部がこう話す。

「甘利さんがよくこう言っていた。自分は政治家として分配政策には関心がない、富をつくることが政治家の役割だと思っている、と。これは僕たち経産省の本質にかなり近い」

民主党政権が続いているときではあったが、来たるべき総選挙、そしてその後の政権復帰を視野に入れ、経産省官僚のゲリラ的な支援を受けつつ、甘利を中心とする「成長重視派」は「日本経済再生本部」の基本方針を固めていった。この方針が選挙後には第二次安倍政権の経済政策立案の中核に位置づけられることは、関係者がみな確信していた。

経産省の狙いは日本の産業競争力をどう復活させていくかだった。そのためには様々な政策が必要になるが、何らかの「場」をつくり、そこで方向性を打ち出してもらうというのは非常に便利なやり方だ。それは、たとえば小泉純一郎政権のときに有効活用された経済財政諮問会議のようなものだ。

この会議は二〇〇一年に内閣府設置法を根拠につくられ、小泉時代ここでの議論が政策策定への近道となった。この場を司令塔にして課題を明確化すれば、政権の求心力を高められる。

民主党政権下でまったく活用されず、休眠状態だった諮問会議は、しかし、経産省にとって「政策を打ち出す場」としては使い勝手の悪いところだった。この会議の事務局的な仕事は内閣府が所管している。しかし、その後ろには財務省の影がはっきりと見える。

「諮問会議を復活させるのはいいが、あそこは実質的には財務省のコントロール下にあるとみていた。そんなところに法人税減税の議論を預けたら前に進まないと考えた」

「もう一つは、諮問会議でどこまで競争力強化が図れるかということだ。諮問会議は財政や金融にも話が及ぶ。競争力の問題を考えれば諮問会議は完全ではなかった」

この問題に関与した経産省の官僚はこう振り返る。

そこで考えたのは、新たな場をつくることだった。それが日本経済再生本部だ。諮問会議が使えないなら、新しく別の組織をつくればいい。そこで様々議論していけば、というわけだ。

一方、諮問会議を復活させずに再生本部だけにすると、そこには必ず財務省も入ってくる。しかも全力で主導権をとりにくる。それでは意味がない。

財務省を諮問会議に閉じ込めておこう――。経産省の幹部官僚たちを中心とした「別働隊」は、諮問会議・再生本部並立型の方向で話を進めることにした。

第一次政権時代に内閣広報官を務めた長谷川榮一も諮問会議再開を進言した。安倍が首相を辞した後も付き合いを続け、厚い信頼を得ていた長谷川は経産省出身。

「日銀総裁をわざわざ官邸に呼びつければ面倒です。諮問会議なら日銀総裁もメンバーだし定期的に会えますよ」

安倍はこんなアドバイスに耳を傾けた。

また、長谷川は「経済を重視するべきだ」と忠告した。二〇一一年三月の東日本大震災直後には、安倍を私邸に訪ねて震災からの復興を説くと同時に、「美しい国もいいけれど、打ちひしがれた日本を立て直さないと憲法改正と言ってもだめ。やはり経済をやらないと。そしてそれを発信する必要がある」と話した。

長谷川は、安倍が自民党総裁選挙出馬を決める直前にも助力を要請され、第二次政権発足後は政策企画担当の首相補佐官に就任。さらに内閣広報官も兼務するようになった。

## 政策への近道

経産省の官僚たちは、自民党政調会長だった甘利明のところに日参した。甘利は二〇〇六年から〇八年まで経産相を経験している。党内での実力者の一人でもあるし、安倍にも近い。

「別働隊」と甘利の話し合いは続いたが、選挙も近いだろうとみて党総裁の安倍に話を上げた。

「総理になったら、この話をわれわれにドーンとおろしてください」

菅原たちは安倍にこう求めた。総理指示であれば霞が関で抵抗できる者はあまりいない。再生本部設置に向けた動きは加速していく。

経産省は面白い役所だ。通りを隔てて建つ財務省のビルに住まう官僚たちが、組織としてまとまって情報を共有しているのに対して、この役所は個人がバラバラに動くことをよしとしていた。実際、第二次安倍政権発足に向けた動きが加速する中で、一部の経産官僚たちは甘利などのところに通い、発足後の「仕掛け」をつくっていたが、当時の安達健祐《けんゆう》事務次官や立岡恒《つね》良《よし》官房長はこれらの動きを黙認し、抑えることはなかった。

菅原たちは黒子に徹しようとした。次官にもいちいち相談せずに、ことを進めた。彼はのちに事務次官に昇格するが、黒子に徹して結果を出したと周囲に語っている。「次官だって相談されても困るでしょ」と。そして「僕はリスクもとった」と話していた。

当時はまだ民主党政権だ。省を挙げて動けば、「お前たち、裏切ったな」ということになる。勝手に個人で動いているんですということなら、その当人へのペナルティーはあったとしても、説明はまだ可能だった。

「勝手に動くのはこの役所の独自の文化なのかもしれない。もちろん人にもよるが、雰囲気は明らかに財務などとは異なる。だから部下たちは独断であちらこちらに行く。ただ、やらなければいけないことを成就するためにはこういう動きも必要だったし、各人の向いている方向が違うわけではない。うまくいっていればいいという感じだった」

当時の経産省高官はこう話す。

もう一つ経産省が、というよりも菅原たちが考え、周辺に話していたのは、金融、財政、競争政策という三分野での打ち出しだった。ある経産官僚は、「一〇兆円を超える財政出動」「民間の投資を呼び込む成長戦略」「金融緩和」の三つをパッケージにして打ち出したらどうかとアドバイスしていた。

これはのちに「三本の矢」という安倍のネーミングで広がっていくことになるが、菅原たちはこれらを、「コンセプトは政策三つ」と言いながら直接的に、あるいは間接的に、安倍や甘利の耳に入れた。

このような官僚たちの勝手な動きを民主党政権がまったく知らなかったわけではない。しかし、当時経産省の政務官だった民主党代議士・岸本周平にはよくわかっていた。彼自身、財務官僚時代に政治との間《ま》のとり方は様々に経験してきた。岸本はこう言う。

「選挙が近いだろうなどと言って経産官僚がサボタージュするようなことはまったくなかった。目に見える形で手のひらを返す役人はいないと思う。何かあっても面従腹背だ」

そしてこのときの岸本の上司、経産相だった枝野幸男も官僚たちの行動は把握していたという。枝野はこう話す。

「何か具体的なことがあったわけではないが、そういう動きがあるとは感じ取れた。ただ、それが間違っていたとは思わない。同じようなことは自民党から民主党に政権交代した二〇〇九年にもあった。賢い役所ならパイプを作ろうとする」

さらに、彼らのボスである首相の野田のところにも「経産省が派手に動き回っている」という報告は入ってきていた。

「民主党政権に見切りをつけて露骨に動いているのは知っていた。しかし、それに対してどうこうということはなかった」

自民党に走る官僚。それを止められない民主党政権。政治の舞台は確実に回り始めていた。

## 身軽でなかった財務省

財務省の幹部たちがそろって安倍に「ご説明」をしたのは一〇月二日だったようだ。二〇一五年度までに国と地方の基礎的財政収支について、国内総生産(GDP)比で赤字を半減させ二〇年度までに黒字化させるという目標を掲げているとか、特例公債法案が成立しないので予算執行の抑制を指示しているなどなど、説明事は多々あった。

財務省も安倍のことはよく知っていた。主税局長の田中一穂《かずほ》は第一次政権の秘書官で一緒にゴルフをした間柄だったし、主計局長の木下も安倍の知己を得ていた。また、政治家として安倍側近だった加藤勝信は財務省の出身で、田中、木下、官房長の香川俊介とともに一九七九年入省の同期だった。

しかし、同時に「安倍は財務省嫌いだ」という情報も入っていた。おそらく周辺のブレインたちのせいだろうと財務官僚はみていた。

財務省はそれまでに、解散のタイミングとそれに伴って生じる政治的空白、政権交代が経済に与える影響や予算編成の日程などをシミュレーションしていた。もちろんそんなことは民主党政治家には一切言えない。

このシミュレーションは、次官、主計局長などごく一部の幹部の間でのみ共有されたという。財務省も経産省の動きを把握はしていた。しかし、安倍が総理になったときにどういうポジションをとるかの対応策を本格的に検討し始めたのはやや遅かった。

首相の野田は消費増税に道筋をつける「税と社会保障の一体改革」で民主、自民、公明三党の合意を取り付けてくれた恩人でもある。しかし、官僚の世界はそれほどウェットではない。

実は財務省には動きたくても簡単には動けない事情があったのだ。当時の最大テーマは特例公債法案の成立だった。

毎年の予算は税収だけではとても賄えない。公共事業などには建設国債が発行できるが、それでも足りないため特例国債、世にいう赤字国債の発行が必要になる。しかし、これは財政法上発行が禁止されているため、毎年国会が「赤字国債を特例として発行する」という立法を行い、このハードルを越えていた。

ところが、この法案は毎年野党の〝人質〟となる。二〇一一年は八月に何とか成立にこぎつけたが、一二年は野党の自民党がブロックする形でさらにずれ込み、なかなか可決に至らなかった。与党は野党を批判した。政権党である民主党も野党時代に特例公債法案を人質にとった国会運営を展開した経験があるので「どっちもどっち」だったが、秋になっても国会で成立しないというケースは過去にあまりなかった。

野党である自民党の説得に、事務次官の真砂以下、財務省の幹部たちは動いた。「次期政権」に向けて動き回る経産省を横目に財務省はこうも思っていた。「特例公債法案を抱えた俺たちは、お前たちほど身軽じゃないよ」。

自民党は固かった。九月末に自民党の幹部を訪問した主計局高官は「解散しない限り一センチも動かない」と言われたし、参議院のボス的存在の議員からは「特例公債の件は解散の話に直結するのであんまり深入りしない方がいいよ」とアドバイスされたりした。「国民に信を問え」と自民党が主張しているとき、特例公債法案が成立すればいつでも解散できることになる。財務省が早期成立を説得して回れば回るほど政治的に動いていると誤解されるぞ、という忠告だった。

しかし、そうも言っていられなかった。政治的な事情がどうあれ、毎日毎日予算は執行される。それがなければ国民生活に支障が出る。財務省は法案が成立しない場合、どのような対応が可能なのか検討を済ませていた。九月七日には約五兆円の執行抑制を閣議決定しているが、それではとても間に合いそうもない。一一月末には財源が枯渇するだろうとみられていた。

都道府県への交付税の交付を遅らせるなどの措置は実施したが、同時に景気が悪化してきた。一一月一二日に発表された七〜九月期の国内総生産（ＧＤＰ）は年率マイナス三・五％と３四半期ぶりにマイナス成長となった。予算の執行は財政出動とイコールになる。国の財布からお金を出すのが遅くなれば、景気に対してマイナスのインパクトを与えかねない。

財政出動を伴う経済対策の必要性も叫ばれ始めていて、執行の後ろ倒しを実施する財務省は苦しい立場にあった。

社会保障関連経費を中心として国が支出するべき義務的経費の支出を取りやめるという法律を出し、この法案を成立させるか特例公債法案を通すかの二者択一を迫ることも検討された。国民生活に影響が大きすぎるし、下手をすると憲法に抵触しかねないのだが。

同時に財務省は、特例公債法案を複数年度化するというアイデアを温めていた。

毎年国会で審議される法案は単年度の赤字国債発行を認めるものだった。二〇一二年度予算案であれば一二年度単年度の発行だ。しかし、これをたとえば一七年度までの五年間、赤字国債を発行できるような内容にすれば、この法案を人質にした国会運営はできなくなる。

この問題を担当していた主計局幹部によると、複数年度化を最初に検討したのは昭和五〇年代だったという。当時も目標年度を定めてそれまでに赤字国債発行をゼロにすることが叫ばれていたが、これは裏を返せば、その年度までは発行し続けるという意味だ。合理的に考えれば、複数年度の発行について国会で認めてもらった方が、毎年の国会対策は必要なくなり、仕事もやりやすくなる。そんな考え方だったようだが、そこに立ちはだかったのは政治だった。当時の大平正芳首相は財政規律をタテに頑として首を縦にふらなかったという。

埃にまみれたこの案を、財務省は再び引っ張り出してきたわけだ。

「毎年毎年、特例公債法案が人質にとられるのは大変だった。無期限の発行を認めるということではなく、三年とか五年とか年限を切った内容であれば財政法の解釈としても大丈夫という判断だった」

この幹部はこう振り返る。

「毎年特例公債法案を出してきたが、財政規律を取り戻せただろうか。毎年法案を出すことと財政規律とは関係がない」として、財務省はこの構想を野田以下の要路に伝えた。そして自民党幹部にもそのアイデアは伝えられた。

もちろん財務官僚は、この構想が政治的にどういう意味をもつのかなどには一切触れなかった。現在出ている法案は一二年度単年度の発行。それを複数年度化させれば、野党は翌年から人質を失う。このときの政治状況を考えれば、このアイデアが民主、自民のどちらを利するかは目に見えていた。

自民党政調会長の甘利はこの案が政権に返り咲いたときにどれだけ有利かを即座に理解して、説明に来た主計局幹部に「そりゃいい案だ」と言った。選挙は近いと言われている。そして自民党が勝つとみられている。このタイミングで複数年度化法案を提示すればそれは自民党へのプレゼントになる。仮に民主党が下野しても翌年はこの法案を抵抗の材料にできないからだ。

財務省は旧大蔵省時代に不祥事が相次ぎ、一九九八年に金融監督庁(現・金融庁)が分離されていた。しかし、永田町の情報を集める能力にかけては財務省が霞が関でナンバーワンだろう。特に主計局や主税局のメンバーは日常的に様々な議員と接触する。そして情報を集めてくる。予算はすべての分野を対象にするため、接触する範囲も広い。

そして個々バラバラの経産省と大きく違うのは、財務省の情報の使い方が組織的だということだろう。財務省に出向経験がある経産省の官僚はこう話す。

「最初の日からかなり高度な情報が自分のところにも回ってきた。組織の一員として外せないということだろうが、情報の共有化は恐ろしいくらい徹底している。これが大蔵省時代からの力の源泉なのかと驚いた」

主計局に長く在籍した財務官僚もこう説明する。

「政治情勢は主要幹部に共有される。事務次官、主計局長、主税局長、官房長などが頻繁に情報交換する。局内でも局長、次長、総務課長などが雑談ふうに意見を交わす」

結局、特例公債法案を複数年度化する修正案が正式に提案されたのは一一月一二日だった。解散の直前だったため、ある財務官僚は他省庁の官僚から「やはり君のところはすごいな。野田さんが解散宣言するのを事前につかんでいたんだろ」と妙な褒められ方をした。しかし、財務省とて解散が一四日に宣言されると予想していたわけではなかった。法案は急ぎ審議され、一六日に五年間の発行を認める形に修正されて成立した。

# 第2章　政策ブレインの形成

アベノミクスの形成プロセスを検証すると、様々な登場人物に遭遇する。特に強い影響力を与えたのは、経済産業省だけでなく、「リフレ政策」と称する金融緩和を求める一群の人々であることがよくわかる。彼らは、なぜ、どのようにしてその意思を政策中枢に伝えたのだろうか。その解明はアベノミクスの形成過程の考察には不可欠のものとなる。

## インフレターゲット

安倍は九月の自民党総裁選挙でデフレ脱却のために金融緩和を主張していた。そして総選挙実施が確定しても、そのままのトーンで突っ込んでいった。

解散が決まった次の日、二〇一二年一一月一五日。安倍は都内で講演し、持論になった「インフレターゲット」導入を提唱してこう述べた。

「目標達成のため、（額を定めずに）無制限に緩和していく」

金融緩和のために日銀は市中にお金を供給せねばならない。その場合は銀行から国債を買い上げるなどの形をとる。このころ、日銀は買い上げる額を「国債などの資産買い入れ基金九一兆円」と決めていた。この額を増やせば増やすほど、市中に出回るお金の量は増えていく。通常の経済状況で市中のお金の量が増えればインフレになる可能性がある。しかし、今はデフレだ。物価が下落するという状況を脱するためお金の量を増やすことはまっとうな政策だと主張された。そして次期首相と目される安倍はそれを「無制限」にするという。

市場では金融機関をはじめ多くの人々がマネーゲームを演じる。政治家の発言も取引材料になる。安倍はそれまでにも報道各社のインタビューなどで同じ考えを示していたが、この日は選挙直前に安倍が改めて決意を示したということで、金融市場は強く反応した。

一気に円安・株高が進み、日本時間の深夜に始まるニューヨーク市場では七か月ぶりに一ドル＝八一円台に下落、株も大きく値上がりした。

本田悦朗の携帯電話が鳴った。相手は安倍だった。

「本当に為替や株が動いたよ」

本田はこのとき安倍の話に相槌を打ちながらも、もう一人「誰か」の影を感じ取っていた。

安倍が同じ講演会でこうも言っていたからだ。

「当座預金の金利をゼロまたはマイナスにすることで、金融機関が企業や家計への貸し出しを増やす」

つまり、日銀にマイナス金利政策を求めることを示唆したのだ。「無制限の国債買い入れ」は本田のアドバイスだ。しかし、マイナス金利について理論的可能性は知っていたが、副作用も大きいために積極的な献策は避けていた。

それなのに安倍は言及した。これは専門家の間でも相当評価が分かれる政策だ。おそらく、マイナス金利の導入を検討してもよいとする誰かが安倍に吹き込んだのだろう。本田はそう考えた。

そもそも安倍と本田の付き合いは古い。本田によると、初めて会ったのは一九七八年のことだという。当時本田は大蔵省銀行局の最若手官僚だったが、同僚が神戸製鋼所の経営者の娘と結婚することになった。そのとき受付をしていたのが本田で、新婦側の来賓として現れたのが安倍だった。

披露宴に参加した若者たちは二次会で当時全盛だったディスコに流れ、本田と安倍はそこで改めて挨拶し合ったのだという。

「それから濃淡はあったが付き合いが続き、私の赴任先のモスクワなどにも訪ねてきてくれた」と本田は回顧する。

金融政策を活用し、マイルドなインフレを起こしてデフレから脱却するというリフレ派の権化のような言われ方をすることもある本田だが、本格的にこの理論に傾斜していくのは二〇〇〇年の夏以降だった。この年の八月、当時の速水優・日銀総裁がゼロ金利を解除。政府は強く反対し、日銀法に定められた「議決延期請求権」まで行使した。

本田は当時、米国に派遣されていたが、このときニューヨーク連邦準備銀行の当局者から「これは間違った政策だ」「デフレの深刻さを認識するべきだ」と忠告を受けた。

それまでは「インフレになることもあればデフレになることもある」くらいにしか思っていなかった本田だが、そこから独学でリフレの経済学を学びなおし、次第に自らの中で考え方を確立していく。

日本に戻って様々な学者などと議論を重ねていく中で、「デフレは貨幣的現象」と確信した本田は、二〇一一年六月にロンドンの欧州復興開発銀行（ＥＢＲＤ）の理事職から戻ると、安倍にデフレからの脱却策をアドバイスするようになった。

本田は財務省を退職後、大学の教壇に立つが、一二年の春から夏にかけ、安倍にパワーポイントを使って経済政策を説明した。場所は議員会館だったという。

その一枚一枚に安倍が質問し、本田が答えるということが続いた。安倍は二〇〇七年に政権を放り出す形で首相を退いていたが、本田はそれでもコツコツと献策を続けた。金融緩和↓円安↓株高↓企業利益改善↓賃金増加↓物価上昇――という「波及経路」についても説明したが、安倍は本田も驚くほど強い興味を示し、質問も的確だったという。

本田は「相当勉強しているな」と感じた。「デフレ脱却、財政、持続的な成長を真剣に考えているのは安倍さんだけだった。そのほか知り合いの自民党議員と話しても彼らはあんまり関心がなかった」と本田は振り返る。

本田は、安倍がよく二〇〇六年の話をしていたのを覚えている。この年の三月の金融政策決定会合で、日銀は政策誘導目標を当座預金残高から無担保コールレートをゼロ近傍にコントロールすることに変えた。要するに「量的緩和」をやめたわけだ。当時の総裁は福井俊彦。この決定はのちに「早すぎた」と批判されるが、安倍も日銀を厳しくみていると本田は感じ取った。

そんなときの本田のアドバイスは「数字でターゲットをつくる」ということだった。

「物価上昇率ゼロ％が続いても物価は安定したことになってしまう。国際標準である二％を設定して思い切ったことをやれば、それを前提にして経済活動が始まる」

つまり二％なら二％という物価上昇目標をつくり、そこに到達するまで緩和策を続ける。これをインフレターゲットというのだが、本田はこれを導入すれば、逆戻りはないと説明した。

一二年九月の自民党総裁選に際して、本田はしきりにファクスを議員会館の事務所へ送った。デフレ脱却の重要性が理屈っぽく書かれてあった。

ただ、経済学の話をそのまま国民に伝えようとしても限界がある。このため本田は、「デフレ脱却のための政策にはこういうものがあります」「その理屈はこういうことです」「国民に説明するためにはこうしたらいいです」というような内容にした。

安倍がどこかで演説し、それがニュースに流れると、本田はそのたびに助言を送った。すると次の機会で、安倍は表現を微修正して本田の言う通り話してくれたという。

## 老学者の高揚

米国の名門エール大学で経済学を教えていた浜田宏一《こういち》が安倍と最初に出会ったのは、二〇〇一年に内閣府経済社会総合研究所の所長に招かれたときだった。当時は小泉政権。発足間もない経済財政諮問会議の議論などを聞きながら、浜田本人に言わせると「紙と鉛筆の世界から実際の政策決定を観察するポジションに入り込んだ」。

当時安倍は官房副長官。これが安倍との出会いだったという。

「諮問会議が終わって、福田先生(康夫。当時官房長官)や安倍先生と、ビールやおつまみで話をする機会があった。正式メンバーではなかったが、特に時間をいただいて諮問会議で、当時の速水(優)日銀総裁の面前でもっと金融政策を使うべきだと訴えたことがある」

浜田は〇三年一月に所長の任期を終え米国に戻った。その後、安倍とは年賀状のやり取り程度。日本に一時帰国したとき食事をともにすることなどもあったというが、交流はそう頻繁なことではなかった。

そんな浜田のもとに安倍から国際電話がかかってきたのは一二年の秋だった。「野田首相が、金融政策で経済を運営するのは非常識と言われるがどうですか」と聞いてきた。

すでに安倍は金融緩和を掲げて自民党総裁選を戦っている。その主張はいわゆるリフレ論という考え方にきわめて近い。金融政策についてあまり発言のなかった野田に比べ明らかに多くのことを語っていた。

浜田はもともと能弁というタイプではない。彼が内閣府の研究所にいた当時知り合った竹中平蔵がどんなことでも整然と説明してしまうのに比べ、マクロ経済学の泰斗である浜田の喋りはときどき聞き取りにくかった。学者らしいといえば学者らしいのだが、国際電話での安倍との会話も浜田は自分で「しどろもどろになって話してしまった」と振り返る。突然のことで、考えをどう伝えるかまとまっていなかったのかもしれない。

　受話器を置いたあと、これではいかん、ということで、浜田は要点をまとめたペーパーを安倍のもとにファクスで送信した。最後に端書き的に「世界の常識は野田さんではなく安倍さんにある」と加えた。

　選挙で自民党が勝利することが明確になったとき、浜田は安倍から内閣官房参与への就任を打診される。浜田は政治や外交ではリベラルな立ち位置だったので、それでもいいのかと問うたが、安倍はそれについては何も言わなかったという。

「金融重視の正しい政策が採用され、それが効いている間は日本に行くのが楽しくて仕方なかった。日本でも外国でも自分の考えを聞きに多くの人が来てくれるようになった。精神衛生上はいい」と浜田は話す。安倍への評価も高い。

「安倍さんは差し上げた手紙などをよく読んでいらして、基本的な筋道を外されることがない。経済政策の論理を完全にわかってくださる」

　そして安倍にはこう強調した。「デフレ、円高の弊害を阻止するには、大胆な金融緩和が必要で、日本銀行法の改正も視野においた政策展望が必要だ」。

## かみ合った歯車

経済政策で安倍に影響を与えたのは、本田や浜田だけではない。

高橋洋一は財務省の官僚だった。小泉政権時代に内閣参事官という肩書で竹中平蔵の補佐官だったとき、官房副長官、長官と出世していく安倍と知り合い、第一次政権では経済政策の指南役的な役割を担う。

本人に言わせると、「日々経済統計について説明した。経済政策とはなんぞやみたいな話にもなった。米国で雇用は労働省的な役所が担うものではなく、中央銀行であるＦＲＢ（連邦準備制度理事会）が責任をもつとか、金融政策がいかに大事なものなのかとか、独立性と言うけれど目標設定の独立性ではなく手段の独立性なのだということなんかを話していた」

先行きの経済見通しなども説明した高橋によると、のちに安倍にこう言われたという。

「自分は経済理論はわからないけれど、誰が何を言ったのかは覚えている。高橋さんの予測は当たるね」

財務省出身ながら高橋は、歯に衣《きぬ》着せず古巣を批判することがある。そんなとき安倍はこう言ったという。

「高橋さんは霞が関の反社だよ」

「反社」というのは反社会的勢力、つまり暴力団などのことだ。財務省という既存秩序にチャレンジする高橋をたたえたのか、それとも、組織からはじかれて経済政策上アウトロー的な言説を重ねていることをからかったのか。高橋は第一次政権終了後も安倍を議員会館の事務所に訪ねて金融政策の重要性を説いた。本田が疑問に思ったマイナス金利についても、会話の中で触れたことがあるという。

経済、特に金融政策を重視するべきだという人々が次第に安倍の周りで形を成してきた。ここに中原伸之が加わる。この人物は「毛並みのいい二世経営者」として「御曹司」などと呼ばれることもあった。

中原にとって安倍は昔からの知り合いの一人だった。大企業のオーナー経営者として自身も経済同友会などでの活動を通じ、財界での知己を広げるとともに政治家にも幅広い人脈を築いた中原は、安倍の父・晋太郎とも昵懇《じっこん》の間柄だった。

晋太郎がガンに倒れたとき、病に効くという薬を中原が取り寄せたところ、それをもらいに来たのが若き日の晋三だった。その後安倍が宰相候補として頭角を現したころから、「晋如会」という財界組織をつくり応援していた。

日銀の審議委員時代には、二〇〇〇年のゼロ金利解除に強く反対したし、原理原則を大事にして、審議委員同士が集まって懇談することも「事前の意見調整と取られるので避けた方がいい」と主張していた。金融政策は「マネタリーベースと名目ＧＤＰの関係」を重視するべきだと考えてきたし、同時に「プラグマティックにやるべきだ」とも主張した。

リフレ派という単純な括りには反発する中原だが、外部からみれば、量を増やしていけばデフレから脱却できるという思想は同じに見えた。

本田、浜田、高橋、中原。金融政策を重視する人々が安倍の周りで明確に形を成した。もちろん安倍が関心をもっていなければこういうことにはならなかったのではあるが。

彼らは徒党を組んでこの二世政治家を説得したわけではない。ただ、それぞれがお互いを知っていた。たとえば浜田は中原と同世代であるだけでなく、学生のときに中原の父が創設した「新日本奨学会」から奨学金を得ていた。また中原によると、浜田が東大を去りエール大学に移るときには「実績をあげられると思うなら行けばいい」と背中を押した。本田と高橋の二人はともに財務省出身だった。

同じリフレ派としてこれらの動きを横から眺めていた早稲田大学教授の若田部昌澄はこう表現した。

「一つ一つの歯車がかみ合って回り始める時が来た」

そしてリフレ派とまではいかないものの、経済成長を重視する甘利などの政治家や経産官僚も隊列を整えた。安倍にとって以前はそれほど得意分野ではなかった経済政策で打って出るのには十分な態勢が整ってきていた。

**日銀の憂鬱**

政治の世界で安倍を反日銀の「頭目」に据えたのは、自民党の山本幸三だ。

もともと日銀の緩和政策に「生ぬるい」と批判的だった山本は、東日本大震災直後の二〇一一年五月、「増税によらない復興財源を求める会」という議員集団の会長就任を安倍に打診した。このときの山本は、復興財源を「二〇兆円規模での日銀の国債引き受け」に求めていた。

「五月一九日に安倍さんのところに行った。会長就任を即断即決してくれた。安倍さんも小泉政権で官房副長官や官房長官をやっていたころ、日銀の政策判断に疑問をいだいていたようだ」

山本はこう話す。

そのうち、この会合には「リフレ派の理論的指導者」と言われる学習院大学の岩田規久男やエール大学の浜田らが講師として招かれ、金融政策の重要性を説いた。安倍は会長として最前列で彼らの話を真剣に聞いていたという。山本は「憲法もいいが、経済の安倍じゃなきゃだめです」と言って、リフレ論を前面に出すよう仕向けた。

山本は常々日銀法の改正についても主張していた。一二年三月には衆議院法制局のチェックも受けつつ、日銀法を改正して「物価変動率に係る目標(達成すべき時期も含む)等を定める協定を、政府との間で締結するものとする」「日本銀行は目標を達成できなかったときはその理由等を政府に対して説明しなければならないものとする」という条文を付け加えようとした。

最終的には自民党の政務調査会を通らず日の目をみなかったが、インフレターゲットの導入に積極的な山本の活動に安倍は明らかに興味を示していた。リフレ派の学者や元官僚、そして政治家に囲まれた安倍は、日銀の姿勢に強い疑問を抱くようになったようだ。

法改正を求める動きは自民党だけではなかった。

すでに一〇年には、みんなの党が日銀法改正案を国会提出していたし、民主党有志も一二年五月に総裁解任権を明記した改正案をとりまとめている。

ターゲットにされた日銀は政治の動きを深刻に受け止めた。法改正に向けた動きは政界に広がっていたので、脅威は倍加していた。このころの政治状況について、日銀の幹部はこう述懐する。

「何とかしろと日銀は叩かれまくっていた。一二年後半は世界経済も減速していたし、欧州も大変だった。それらは日本経済に反映されてくる。何とかしろと言われても、とは思ったが、とにかく政治家、財界、メディアなど、周りは敵だらけという感じだった。それくらい圧力は強かった」

「日銀法改正は絶対避けたい。しかし、政治家が私案をつくっている状況だった。法改正されれば二%とか、説明責任とか、総裁解任権の復活とか、そういうことになってくるしね」

総裁解任というのは、旧日銀法で定められていたが九八年施行の新法下で廃止されている。

政界で次第に強まる中央銀行批判と日銀法改正の声は幹部を追い込んでいった。総裁の白川方明《まさあき》、副総裁の山口廣秀、企画担当理事の門間一夫、企画局長の内田真一といった面々が集まり、政局の見通しや関連情報を共有する機会が増えた。

選挙は近いかもしれない。選挙があれば安倍自民党の勝利はほぼ確実だ。安倍は山本が設立したリフレ派の会合で会長を務めている。首相になったら法改正を含めて何が飛び出してくるかわからない――。

政治の見通しに「完全」はない。しかし、近い将来日銀首脳部が一層厳しい局面に追い込まれるのはほぼ確実だった。

一二年の秋、日銀は憂鬱な日々を送っていた。

# 第3章　選挙公約はどのようにつくられたか

選挙があれば各政党は公約を国民に提示する。一時期流行した「マニフェスト」はその典型だろう。のちにアベノミクスと呼ばれる政策は二〇一二年一二月の総選挙で自民党が示した公約の中に打ち出されている。しかし、それは日銀の金融政策を前面に押し出した異例のものだった。その形成プロセスを追うと、そこには伝統的な自民党の発想ではなく、安倍とその周辺の意向が色濃く反映されていることが見えてくる。

## 姿みせた二%

各政党とも「選挙は近い」とはみていたが、まさかこれだけ早いタイミングとは思わず準備は不十分だった。しかし、一二月一六日投票と決まった選挙戦では公約を掲げねばならない。自民党は急遽一一月一六日の解散当日、党内に設置した日本経済再生本部が「中間とりまとめ」を発表した。事実上の選挙公約と受け取られた。

「縮小均衡の分配政策」から「成長による富の創出」への転換――。

こういう「基本方針」のもと、彼らが議論を重ねてきた内容が盛り込まれていたし、この考え方が来る選挙で公約の背骨になっていくのは明らかだった。

「成長目標――新しい成長戦略の立案・実施、金融緩和、規制改革、有効需要の創出など、あらゆる政策手段を導入して名目三％以上の経済成長を目指す」

「成長モデル――今後五年間の集中改革で「世界で一番企業が活動しやすい国」「個人の可能性が最大限発揮され、雇用と所得が拡大する国」を目指すと同時に、海外投資収益の国内還元を日本の成長に結びつける新たな国際戦略を進める。「産業投資立国」と「貿易立国」の双発型エンジンが互いに相乗効果を発揮する「ハイブリッド経済立国」を目指す」

「日本経済再生本部に産業競争力会議を設置し、成長産業の育成に向けたターゲティングポリシーを推進する」

明らかに成長重視の路線だった。

実は選挙公約にもそのまま書かれるこれらの方針策定には、菅原をはじめとする経産官僚たちが深くかかわっていた。

ただ、そういう経産官僚たちにももうひとつ認識できなかったのが、「成長目標」のあとに出てくるこういうくだりだった。彼らはこれを積極的に推してはいない。

「金融政策――一日も早いデフレ・円高からの脱却に最優先で取り組む。――明確な「物価目標(二%)」を設定し、目標達成に向け、日銀法の改正も視野に、政府・日銀の連携強化の仕組みを作り、大胆な金融緩和を行う」

再生本部の提言の中心にいたのは甘利だったが、もともとこの政治家は「物価上昇率一%をまず実現させて、その次に二%を目指す」という考えをもっていたし、足しげく通ってくる経産官僚にもそう話していた。「まず目標を達成した事実を共有して、できたじゃないかという達成の実感を得てから次に行こう」と。

甘利の考え方は、日銀と民主党政権が一〇月三〇日に発表した文書と同じだった。この文書は「デフレ脱却に向けた取組について」と題するもので、日銀と政府がデフレ脱却に向けて何をするのかということを書いたものだった。

「日本銀行としては、「中長期的な物価安定の目途」を消費者物価の前年比上昇率で二%以下のプラスの領域にあると判断しており、当面、消費者物価の前年比上昇率一%を目指して、それが見通せるようになるまで、実質的なゼロ金利政策と金融資産の買入れ等の措置により、強力に金融緩和を推進していく」

まず一%というのがこの文書のミソだが、リフレ派の人々からは「不十分だ」と批判された。甘利はしかし、物価上昇率が一%にも達しない段階で二%はないだろうと思っていた。この点は強気の安倍とかなり異なっていたが、「中間とりまとめ」の金融政策のくだりは安倍自身がこだわったという。

「安倍さんはデフレというよりもフリーズした状態を打破するような緩和が必要と考えていた。圧倒的なお金を出していけばお金とモノのバランスが変わり、デフレからインフレになると安倍さんは固く信じていた。私はそれだけではできないと思っていた。金融政策で全部動くんだったら簡単だよね」

甘利はこう振り返る。

しかし、自民党の「中間とりまとめ」発表から二か月後、甘利は対日銀で強硬路線を主張していくことになる。

**公約づくり**

一一月一六日。この日は衆議院が解散となる。午後四時前に始まった衆議院本会議。「日本国憲法第七条により衆議院を解散する」という議長による解散詔書の朗読とともに、慣例の「万歳」が沸き起こった。

「野田首相は(中略)最後まで口を真一文字に結んだまま姿勢を崩さなかった。一方、安倍総裁は大きく両手を振り上げ、表情を緩ませた」(二〇一二年一一月一六日、時事通信配信)

こんな記事が国内外に配信されていった。

選挙戦が始まった。ただ、官僚からみると、野田政権は継続しているし、官僚たちのボスである大臣や副大臣たちが民主党の所属であることに変わりはなかった。

しかし、この時点、つまり一一月中旬に霞が関の役所で民主党に顔を向けている官僚など誰もいなかった。どこの役所も選挙で自民党が勝利したときの準備、シナリオづくりに全力をあげていた。

このころ財務省は予算編成の方針を固めていた。選挙直後の年明け早々、安倍をはじめとする自民党幹部から要請の強かった緊急経済対策、つまり補正予算を決定してもらい、そのあと本予算の編成に着手する。できるだけ予算の空白を避けるため、つまり早期の成立を図るため、一月中に二〇一三年度予算編成を終えることを目指す。そのためには一日たりとも無駄にはできない。政権が交代すれば中身は変わるだろうが、予算編成の基本方針や閣僚人事、党人事を固めてほしい。特に財務省と二人三脚で予算編成を行う党の部会長人事は早急にお願いしたい――。

解散当日の一六日以降、財務省はこういった予算編成の方針や人事決定の要請を行うため、手分けして自民党幹部を回った。その対象は、安倍、麻生太郎、菅義偉《すがよしひで》、甘利、加藤などで、結果的に次政権で要路に就くメンバーばかりだった。

自民党の幹部たちからもたらされた様々なヒントは、財務省幹部の間で共有された。

「この話は麻生さんにも入れておいてくれと言われた。麻生さんが財務大臣となる可能性が高い」

「加藤さんと話していると、経産省の今井（尚哉《たかや》）や長谷川などの影を感じる。これらが政権移行チームになるのではないか」

もちろん民主党が何とか選挙をしのいで政権を継続できる可能性はゼロではない。しかし、新聞各紙の世論調査も「自民単独過半数の勢い」（一二月六日付「朝日新聞」朝刊）、「自民過半数超す勢い」（同日付「読売新聞」朝刊）と、安倍勝利は確実と予想していた。

選挙公約は自民党の政務調査会が中心になって作成する。選挙が近いということもあり、それなりのものもできてはいた。一六日に発表した日本経済再生本部の「中間とりまとめ」をさらに発展させ「森羅万象」を盛り込む必要がある。ただ、このときは解散が急だったこともあり、準備が万全というわけではなかった。

政調副会長だった参議院議員の宮沢洋一は、安倍から解散直後にこう言われた記憶がある。

「選挙が終わったあとの準備をしっかりやってください」

解散になった。大半の世論調査が自民圧勝を予測している。そうなれば、安倍政権が誕生する。そのとき政策的に何をどう動かすのか。スタートダッシュするなら選挙後に決めていては遅い。

もう一つ宮沢に課されたのは、公約のチェックだった。

「自民党が政権に返り咲いたときに足を引っ張られないような公約にしないと」と宮沢は考えた。党内の議論を経てできてきた原案について、宮沢は「ばらまきだ」と批判されそうな項目は、「～します」という断定形を「～を検討します」と表現を弱めるなどした。

急な解散だ。大半の衆議院議員は選挙区に張り付き、車から、ミカン箱の上から、大声で自分の名前を絶叫している。自民圧勝の流れにはなっていたが、選挙は何があるかわからない。慢心は命取りになる。立候補者たちが支持を固めるためにやることは山ほどあった。

これに対して参議院議員の宮沢は、選挙に集中しなければならないわけではなかった。安倍側近の加藤勝信は衆議院比例区選出だったので、まだゆとりがあるとして宮沢を手伝う予定だったが、地元の事情で急遽、小選挙区からの立候補が決まった。とても東京に戻っている余裕はない。結局、公約チェックと「選挙後の準備」は宮沢一人に任されることとなった。

## 「とんがっていた」安倍

財務官僚出身で、宮澤喜一元首相を叔父にもつ宮沢が、選挙期間中、霞が関との窓口になった。財務省をはじめ各省から幹部が詰めかけた。

自民党の政治家は「どこの省庁に近いか」という色分けがなされることが多い。甘利は周囲から「経済産業省に近い」とみられていた。実際、経産相を経験していることもあり、その評価は外れでもなかった。

政治家はお互いの「領域」を侵犯しないように気をつける。宮沢によると、公約集で上がってきたテーマのうち、経産省の「におい」のするものはいじらなかったという。それは政調会長である甘利の管轄だった。

経産省の官僚たちも宮沢のところにはあまり出入りしなかった。

「あの人は財務省だから」

国会議員になる前は財務官僚だった宮沢に、経産省のある幹部はこうレッテルを貼っていた。

一一月二一日、自民党の公約が発表された。一般に配布する短いものと、分野ごとに業界や支持団体への甘い言葉を並べた長いものとの二種類が作成されたが、人目につく短いものは、安倍がやや左上を見上げるような図柄の顔写真が表紙に採用された。

最初に東日本大震災からの復興を訴えたそのすぐあとに、「経済を、取り戻す」と書かれた訴えが並んだ。この「取り戻す」というフレーズは甘利が自分の選挙で使おうと思って手帳に書きつけていたものだ。自民党はこのとき、広告代理店に人目を惹くフレーズをひねり出してくれと要請していたが、「ほとんどぴんと来ないものばかり」で、結局、政調会長が自分でアイデアを出した。

「日本経済再生本部」を新たな司令塔に

「失われた国民所得五〇兆円奪還プロジェクト」を展開し、
「縮小均衡の分配政策」から
「成長による富の創出」への転換を図ります。
デフレ・円高からの脱却を最優先に、
名目三％以上の経済成長を達成します。

そして具体策として、「明確な物価目標（二％）を設定、その達成に向け、日銀法の改正も視野に、政府・日銀の連携強化の仕組みを作り、大胆な金融緩和を行います」「財務省と日銀、さらに民間が参加する「官民協調外債ファンド」を創設し、基金が外債を購入できるなど様々な方策を検討します」と書き込まれた。

基本的には五日前に発表された「中間とりまとめ」を継承していたが、金融政策については安倍のこだわりがそのまま反映された。

宮沢によると、自民党の中にもリフレ論に懐疑的な主張は強かった。というよりむしろ主流なのだという。ならばなぜ日本で異端とされる金融政策が、政権のいの一番の公約に据えられたのか。それはひとえに安倍の意向だ。ある官僚の言葉を借りれば、リフレ派のアドバイザーが周囲に集まっていた安倍が、いちばん「とんがっていた」のだという。

しかし、リフレ論に懐疑的な人々が多いはずの永田町でも、日銀に対する不満は小さくなかった。宮沢も「野田内閣のころ、もっと日銀が気の利いたことをできていればよかった。見せ方という意味において、白川さんはあんまりうまくなかった」と思っていた。孤立無援の日銀が所管する金融政策が、政治の世界でも舞台中央にせり出してきた。

## 日銀法改正

選挙公約づくりには官僚たちも陰で参加するが、ある財務官僚はこう回顧する。

――「名目三%以上」「明確な物価目標、日銀法改正も」「官民協調外債購入ファンド」の三点セットでポンと渡された。日銀法改正などは現実的には非常に難しいし、外債ファンドも事実上の円安誘導なので米国との関係があり実現可能性は低いとみられていたが、いずれも「視野に」とか「検討」となっている。だからいいんじゃないかと自分たちで納得させた――。

外債ファンドなどは絶対に無理だと、財務官僚は思っていた。

「リフレ派の人々は、財務省の介入は単発だからダメで、外債を継続的に購入しなければと言っていたが、われわれは、そんなことをやったら国際的にはもたないと忠告していた」

外債購入は円を売ってドルを買う行為だ。円売り介入と同じ効果をもつ。外債を買うぞと大声で言って歩けば、円安誘導だと各国から批判されるのは目に見えていた。

この外債購入問題は自民党の売りではなかった。民主党政権時にも浮かんでは消えていたが、財務官僚たちは「外債は絶対にダメです」とつぶして回った。

ただ同時に財務省は、「外債」という言葉が公約に加えられるのは仕方がないともみていた。

「選挙公約に外債という言葉を入れないわけにはいかないだろう。今まであれだけ言ってきたんだから」

公約に入れるのは仕方ないが、実際にはやらせないという構えだ。

日銀法改正についても財務省は否定的だった。

日銀法は旧法から新法に切り替わっている。日銀の独立性確保が最大の狙いだっただけに、再び独立性を奪うのかという批判が起こるのは明らかだった。

「やる必要はないというのが省内の大勢だった。ただ、国会を回ってそのアイデアをつぶすというようなこともしていない」

財務官僚の一人はこう回顧する。

## 安倍 vs. 日銀総裁

一一月一七日、遊説で熊本に入った安倍はこう言い切った。

「やるべき公共投資をやって建設国債をできれば日銀に全部買ってもらい、強制的にマネーが市場に出ていく」

これを新聞は「建設国債の全額日銀引き受け」と伝えた。

財務省は慌てた。日銀の国債引き受けは財政法で原則禁じられている。「荒技」どころではない。さっそく「直接引き受けではなく、オペだということであれば立っていられるので、そういう整理をして釈明したらどうか」と、安倍に近いとされた幹部を通じて、遊説で飛び回る自民党総裁に連絡した。「オペ」というのは「オペレーション」の略語で、日銀が行っている市場調節操作のことを指す。金融機関と日銀の間で市場を通じた国債の売買は日常的だ。

実際、安倍は二一日の公約発表の記者会見で「建設国債を日銀が直接引き受けるとは言っていない。日銀が買いオペで市場から買い入れる」と軌道修正を図っている。この日は目標とする物価上昇率についても「私は三%がいいと思っているが専門家に任せる」と言い切った。

目指すべき物価上昇率をあらかじめセットする「インフレターゲット」の導入に消極的な日銀を自民党が攻める――という構図が出来上がってきたが、総裁の白川は二〇日の金融政策決定会合後の記者会見で、「中央銀行の独立性を尊重してもらいたい」「今まで経験したことのない物価上昇率を掲げて政策を総動員していくことになると、まず長期金利が上がり、財政再建や実体経済にも悪影響が出る」などと述べ「現実的でない」と断じた。

日銀総裁として当然のことを言ったまでなのだが、財務官僚たちは「なぜ空気が読めないんだ」と落胆した。

国債の直接引き受けは、これまでにもリフレ派の学者やエコノミストなどから提起されたことがある。しかし、今回発言したのは自民党総裁であり、次の首相になろうかという人物だ。当然、財務省としても安倍に対して働きかけ修正させていくだろうという想像くらい働かせろ、というわけだ。こんなところで真正面から批判すれば、安倍は性格的に戦闘モードに入ってしまう。その損得も日銀総裁として計算してくれ——。

ちょうどこのころ、日銀に向けての政治的攻勢をどのようにしのげばいいかを財務省は真剣に考え、安倍政権が考えを固める前に「何か」を決めてしまおうと動き始めた矢先だった。

選挙に勝って戻ってくる自民党政権はインフレターゲットの設定などを求めてくるだろう。その前に政府と日銀の連携の枠組みをつくってしまわないと、政治の介入で何が起こるかわからなくなる。静かにしていれば作業もやりやすい。しかし、近日中に首相になる人物に喧嘩を売ればどうなるか。記者の質問くらい適当にあしらえばいいのだ。財務官僚たちはこう考えた。

案の定、安倍はかなり怒っているらしいとの情報が入ってきた。これが選挙後まで持ち越されれば、当然、対処が必要となってしまう。これから作業を始めねばならない政府と日銀の連携の枠組みづくりでも、安倍が身を固くしたら無用なエネルギーを使うことになるのではないかとみられた。

もともと財務官僚の間では白川に対して不信感をもつ者も少なくなかった。

「白川さんは昔から自分で緩和をやっておきながら「効かない」という趣旨の発言をするなど、僕らは大いに不満だった。担当者がなんであんなこと言うんだと日銀のカウンターパートに何度も文句を言った」

財務官僚の述懐だ。

一方、白川の性格をよく知る友人はこう思ったという。

「原理的に許せないことは思わず言ってしまう。そんな一本気なところが白川さんらしい。このときの記者会見でも、「一般論で申し上げれば」とか「個別のことについてはコメントを差し控える」と何度も言っている。そういう注意を払いながらも自説を開陳してしまう。何を考えているのかわからない狸オヤジのような奴より人間的には好きだ」

ただ、マーケットは正直だった。白川の反論は無視。安倍の金融緩和を期待して株価は高騰し、円安が進み始めた。

「アベノミクスいま再び」

一二月二六日付の「日本経済新聞」朝刊はこんな見出しで、滝田洋一編集委員の大型コラムを掲載した。「アベノミクス」という単語は第一次安倍政権のときにも使われたが、第二次政権に向けて再び新聞紙上に登場したのはこれが最初。このあと、安倍の経済政策を指すこの言葉は人口に膾炙《かいしゃ》していく。

## 安倍vs.経団連会長

財界三団体の中でも日本経済団体連合会(経団連)は、大企業の組織として歴代政権への影響力を駆使してきた。たとえば、城山三郎の小説『もう、きみには頼まない』(文春文庫、一九九八年)には、相手が首相や日銀総裁であっても筋論を通した石坂泰三が描かれているし、土光敏夫は行政改革で辣腕をふるった。平岩外四《がいし》のときには政治献金の斡旋を中止したが、大企業で構成されるこの団体の発言力にはそれなりの威力があった。

当然、政党的には自民党と親和性が高く、二〇〇九年以降の様々な政治的混乱を見せつけられ、「民主党はダメだな」「自民党政権に復帰してほしい」という雰囲気は外からみても明らかだった。

二〇一二年秋、会長は米倉弘昌だった。新日本製鉄やトヨタ自動車の経営者が就いた歴代会長に比べ、大企業ではあるが「日本を代表する」という形容詞がつくことはあまりなかった住友化学の経営者として過ごしてきた米倉は、第一二代会長として一〇年五月に就任した。

もともと歯に衣着せぬタイプではあったが、安倍が打ち上げた経済政策に関して不満だった。しかし、思っているのと言葉にするのとでは意味が違う。一一月二六日の記者会見はインパクトが大きかった。それまでも発言が過ぎて経団連事務局の幹部たちが火消しに回るということは何度かあったが、今回の対象はこれから最高権力者になる人物だ。

安倍が主張する金融緩和策について問われた米倉はこう答えた。

「大規模というより無鉄砲。世界各国の禁じ手のような政策をやるのは無謀に過ぎる」「(国債の引き受けについては)財政ファイナンスと取られる。日本国債の信用問題になりかねない」「(相場は)安倍総裁の発言で動いているとは思えず、円安は日銀の緩和策の成果だ」

会長の記者会見の場合、近くには経団連事務局の幹部たちが控える。この発言をその場で聞いた幹部の一人は「ああ、言っちゃった」と天を仰いだ。

この選挙戦で自民党は勝利するだろう。そうすると、安倍総裁は首相として再登板することになる。政権の主になる相手に「お前の考えていることは無謀だ、無鉄砲だ」と批判する必要があるのか。もっとうまい言い方があるだろう——というわけだ。

幹部の一人はそう思いながら、また後始末が大変だろうなと、やるせない思いに駆られた。

当時、経団連で経済基盤本部長を務め、その後常務理事に昇格した阿部泰久によると、金融緩和に対して経団連はもともと過度の期待をもっていなかった。

「金融政策だけで本当にデフレ脱却できるのか、成長でもするのか、という感じだった。古典的な経済理解が組織の主流だったし、オーソドックスに考えていた。リフレ論に対してもどうかなと疑問に思っていた」

経団連のメンバーは日銀と定期的に懇談会を開いていた。たとえば一二年は、二月二二日と一一月一日に開催されていた。どちらも午前八時からで、日銀側からは毎回一〇人が出席、経団連側からは十数人が出席した。豪華な朝食をつつきながらの会合で、企業側が足元の経済情勢などを話し、日銀側は金融政策の説明をするというのがお決まりのパターンだった。何か要請めいたものを戦わせる場でないことは双方がよくわきまえていた。そんなところで会得したのか、金融政策をめぐる米倉の姿勢は当時の経済界の主流に近いものだった。

喧嘩を売られた形の安倍は翌日、都内の講演で米倉の批判について「今も日銀は市場から国債を買っている。米倉さんは勉強してもらいたい」と反論した。米倉はこれに応答する形で、一二月五日に「金融緩和を実施するにしても、財政規律を守るべきだと言ったつもりだった」「安倍総裁は「まさにそういうことだ」とおっしゃっている」とトーンダウンさせた。

一件落着かと思われたが、衆院選が公示されたあとも場外乱闘は続く。

米倉は一二月一〇日の記者会見で、安倍が消費税率をアップする条件として経済の好転を挙げたことに触れ、「今の段階で、景気の成り行きをみてからというのは、自民党総裁として、ふさわしい発言だったのか」「財政の健全化が、国の非常に大きな経済政策だ」「消費増税もきちんとやり、経済も活性化させるという意気込みを見せてもらいたい」と安倍を批判した。選挙期間中の発言は微妙な影響を与えることから、普通の財界人なら公式の場では慎重になるはずだ。そういう常識をはずれ、思い切った発言をする米倉をメディアは大きく報道した。

しかし、発言の主は迷走する。安倍は一二日、米倉から陳謝の電話がかかってきたことを明らかにしながら、米倉が「真意は総裁の経済政策への批判ではない。私は全面的に総裁の経済政策を支持しており、誤解されて報道された。迷惑をおかけして申し訳ない」と釈明したと公式の場で暴露した。そして安倍は「選挙中でもあり、慎重にご発言いただきたい」と注文したと付け加えた。

実はこの二人には外部にはあまり知られていない因縁があった。自民党総裁就任後、安倍は米倉を訪ねた。単なる挨拶のはずだったのだが、米倉が外交問題に言及したことから議論は一挙にヒートアップした。同席した関係者によると、「中国との関係で靖国神社へは参拝に行くべきではない」と米倉が言ったのに対して、安倍は「経団連から経済問題で何か言われることには我慢する。しかし、政治や外交にまで口を出すというのは違うんじゃないですか」と強硬に反論した。次第に二人の会話は熱を帯びてきて、最後は怒鳴り合いに近い形で終わった。

副会長を兼務していた事務総長がすぐに自民党を訪ね安倍に詫びを入れる形をとったが、経団連幹部たちは覚悟した。今後、政権との意思疎通は米倉を前に出してはだめだなと。

自民党と経団連の関係が終わるとは思えなかったが、トップ同士の関係がこじれてしまっては、うまくいくものもいかなくなる。丁寧な対応を心がけていく以外にはあるまい。

二人の怒鳴り合いを後ろで聞いていたある経団連幹部は、選挙期間中の米倉の迷走をみてそう考えた。

## 安倍を支える財界人たち

もちろん米倉は異例だった。財界人として安倍を囲む会合はいくつもある。

たとえば「晋福会」だ。母体は、父・晋太郎の出身である旧制六高の同窓生を中心にして発足した会合。これが晋三にも引き継がれ、その後在京の財界人を中心にした会合に改組された。メンバーは安倍を含めて一六人(二〇一七年三月現在)。出席は一二、三人のことが多いという。新日鉄住金の今井敬、トヨタ自動車の奥田碩《ひろし》、キヤノンの御手洗《みたらい》冨士夫ら、歴代の経団連会長経験者が加わっている。

なかでも今井敬は新日鉄住金の名誉会長としてもたびたび会食しているし、「天皇の公務の負担軽減等に関する有識者会議」でも座長としてかじ取りを任された。

晋三の「晋」に、会場となってきた料亭の名前から一字加え「晋福会」と呼ばれるこの会合は、確認できるだけで政権発足から二〇一七年三月末まで九回開かれている。年に二回ほどのペースだ。森友学園問題で揺れていた一七年三月二三日も安倍は律儀に出席し、参加者を喜ばせた。

「晋如会」という組織もある。この会合の主宰者はキッコーマン名誉会長の茂木友三郎や元日銀審議委員の中原伸之らだ。晋福会のメンバーでもある茂木によると、第一次内閣のときに各社の「次世代のリーダー」と目されていた経済人たちが晋如会に集まったのだそうだ。

　このほか、ＪＲ東海名誉会長の葛西敬之《よしゆき》らとの会合などもあるが、これは保守強硬派の同志として安倍を支援するという性格が強いようだ。

　これらの会合では安倍は財界人の話をよく聞くのだという。酒席では一人一人のところを回り個別に話を聞くこともあるのだそうだ。

「聞く耳をもっているというのは政治家としても重要な資質だろう。外に漏れないことを前提に外交の話などもしてくれる」

　参加している財界人の一人はこう話す。

　晋福会、晋如会の双方に顔を出している茂木は、第二次政権になって安倍が大きく進化したと感じた。

「深みのない話だと次が続かないけれど、今は話が続いていく。議論のキャッチボールができる。経済のこともよくご存じだ。退陣した二〇〇七年から復活した一二年までの五年間で相当勉強して、いろいろなことを仕込んだなという印象を受けた」

　これらの会合を通じて、安倍はビジネス最前線の空気や、功成り名を遂げた老人たちの経験を感じ取り学び取ろうとしているのだろうと経営者たちはみていた。

晋福会の出席者によると、会合で日銀の金融政策への批判が出たこともあるという。ただ、安倍は彼らの主張にじっと耳を傾けるだけで、白川日銀への批判めいたことはほとんど口にしたことがなかった。

## 財務省、根回しに入る

選挙前日の一二月一五日午前、参議院議員で政調副会長の宮沢は財務省幹部たちと会った。翌日の選挙で安倍自民党の圧勝は見えている。年末の予算編成時期とぶつかるだけに、選挙後のスケジュールや、首相となった安倍が閣議で何をどのように発言するのかなどについては綿密にすり合わせておく必要があった。

財務省にとって、いつまでに何をやるのかというスケジュール管理は非常に重要だが、それには政治の力が不可欠だった。選挙で勝ったその日から自民党政権が始まるわけではないが、時計をそこから動かさねば諸事が後ろにずれこむ。

財務省は組閣から間《ま》をおかず、安倍に「予算編成方針」を示してもらおうとしていた。年度末までそう時間があるわけではない。しかも景気が悪くなってきているという判断から、補正予算も必要になる。

今進められている予算編成は民主党の考え方が反映されたものだ。おそらく自民党は高校無償化には所得制限を導入しようとするだろうし、農業は現金給付をやめて事業費に振り向けていくだろう。民主党の目玉政策をひっくり返すわけだ。ただ、予算を組み替えるのは時間もかかる。個々別々の政策の検討と金額の洗い出しなどもそう簡単ではない。

ふつう組閣直後の閣議で、編成方針などという大きなことは決めない。しかし、時間もないので、財務省は先を急がねばならなかった。

一二月一六日の選挙から組閣までの間、誰がスケジュール管理をはじめとする様々な政策実務のまとめ役になるのかも見極めなければならなかった。それはあるときは幹事長かもしれないし、政調会長かもしれない。首相との距離もあろう。

主計局や主税局のメンバーが様々な情報を収集した結果、選挙後も引き続き甘利がその役割を担うということがわかってきた。

財務省は甘利への攻勢を強めた。財務省がスケジュールの原案を自民党政調会に示し、最終的には政調会長である甘利のOKをとり、その後安倍に上げるという順番が確定した。

同時に財務省は「体制づくり」という表現で、部会長を早く決めてくれと甘利に要請した。自民党の政調会はその下に部会をかかえる。その部会を経ないと政策は前に進まない。そのとき重要になってくるのが、「部会長」と呼ばれる議員たちだった。農業なら農業、公共事業なら公共事業というふうに各分野別に配される部会長は財務省と二人三脚で走るのが普通だった。各部会はいわゆる族議員の温床にもなっているが、表舞台を取り仕切る部会長は重要な存在だ。彼らが不在だと、予算や政策づくりが滞ってしまう。

同時に財務省は、自分たちのボスになるであろう政治家へのアプローチも開始した。麻生だ。首相経験者が財務大臣に就くケースは過去にもある。小渕恵三政権の宮澤喜一などがそうだし、さかのぼれば戦前の高橋是清も首相を退いてから請われて大蔵大臣に就いている。

麻生は副総理を兼務して入閣するという情報を財務省はつかんでいた。このため異例ではあるが、秘書官の態勢を二人から三人に拡充し、麻生の総理時代の秘書官で信頼の厚い浅川雅嗣《まさつぐ》を「秘書長」のような役割にあてた。麻生はそれまで財務省と太いパイプをもっていたわけではないし、積極財政派とみられている。浅川の人事は、麻生のことをよく理解している官僚を側近につけた方が組織として回りやすいと財務省の幹部が判断したのだ、と省内では受け取られた。

浅川や総括審議官の佐藤慎一らは、挨拶もかねて早速麻生を訪問。政策全般について説明するとともに、このベテラン政治家の関心の所在なども取材した。

このころ財務省は、大規模な補正予算の編成はやむを得ないという判断だった。景気がやや心配な状況なので、何か経済対策が必要になることは明らかだったが、財務省は伝統的に本予算を膨らませるよりは補正で対応する方がベターだという独特のロジックをもっていた。

補正を含め通年でいくらのお金を使ったのかが本当は大事なのだが、当初予算を重視するのは、翌年の各省庁の概算要求が「対前年度当初比○○％増」などとされることが多く、当初予算段階で膨らむと翌年以降も膨らんでしまうという事情があった。

「それもあるけど、当初予算をどうやって抑えるかは、主計局長の成績表なんだよ」

財務官僚がこう言うように、省内の評価の基準にも使われていたということのようだ。

主計局長の木下たちは、どちらかというと積極財政派である麻生を訪問した際、「大規模な補正は覚悟しています」と告げた。自民党は大勝して戻ってくる。景気も落ち込み始めている。補正の規模を小さくすることに腐心する状況ではないと判断した。

## 選挙、大勝利

一二月一六日。選挙当日。有権者の出だしは低調で、投票率は大幅な低下が見込まれた。

「自民党総裁特別補佐」の加藤は安倍側近議員の一人で元大蔵官僚だ。笠岡市や総社市などを地盤とする岡山五区が選挙区。当初は比例区での立候補が予定されていたが、五区から出馬するはずだった議員が突然引退を表明したため、急遽小選挙区から立つことになった。準備が万全ではなかったため、選挙区内を必死に駆け回る日々もあっという間に過ぎ、一六日を迎えた。

この日、加藤は投票を済ませるとただちに上京して、都内のホテルへ急行した。そこには甘利、菅、世耕弘成ら安倍に近い面々がいた。安倍本人も控えていたし、政権発足後に首相補佐官就任を要請されることになる長谷川もいた。経産官僚出身の長谷川はこの日の会合をセットするべく、ホテルの部屋を確保するなど実務を担当していた。

まだ世の中は投票中だったが、どの世論調査をみても、そして知り合いの記者から入ってくる情報を加味しても、圧勝は揺るがないと予測できた。この場では、国会の日程をどのように動かしていくか、どのような政策をどのような順番でさばいていくか、そんなことが議論されたが、浮かれている雰囲気はなかったと加藤は言う。

「安倍さん以下、政権を担うという責任感を感じていた。特にスタートをしっかりとやらなきゃダメだということだった」

加藤は地元との間を飛行機で行き来していたが、往復には五時間を要した。ホテルでの会議のあと、加藤は選挙区にとんぼ返り。その夜ピンクのネクタイを締めなおし、選挙事務所で「万歳」の中心にいた。

選挙後、各省庁との詰めや自民党内の態勢づくりなど様々なテーマで安倍と会っていると、あるとき突然、「加藤さんは副長官やってね」と言われた。その場でOKした加藤は官房副長官として政権の中枢を担っていくことになる。

一二月一六日の夜、東京・永田町の自民党本部には大勢のカメラマンやテレビのカメラクルーが押しかけ、フラッシュがたかれていた。安倍が大きなバラを当選した候補者につけていく。満面の笑みだった。二〇〇九年九月の民主党政権発足に伴い下野して以来、三年三か月ぶりの政権復帰だ。やることは山ほどある。しかし、その中核は経済政策だと安倍は言った。テレビ局のインタビューに答えてこう力説した。

「民主党時代はマクロ経済の管理ができていなかった。日銀とも対話したい」

関係者たちが高揚し、ドタバタした雰囲気の中、政調会長の甘利は安倍から経済再生担当として入閣してほしいと請われた。諮問会議も復活したいし、その司令塔になってほしいと。

構想としてのアベノミクスは実施の段階に入っていた。

# 第4章　政権移行の実相

選挙に勝利した政党は組閣して政策課題に対処することになる。アベノミクスを掲げた第二次安倍政権の政策づくりは猛烈な速度で進んだ。官僚組織をどのように使いこなすのかという問題もあったが、首相の意思をスムーズに貫徹させていくプロセスの確立は必須だった。そして安倍政権では、その対象に中央銀行も含まれていた。

## 人狩り

組閣は一二月二六日になりそうだ。初閣議で総理大臣が何をどう言うのか。発言は重い。当然与党にも根回しが必要だ――。

選挙期間中、選挙区をなかなか離れられない衆議院議員に代わり、参議院議員として留守を預かった政調副会長の宮沢は財務省と協議を続け、閣議で何をどう決めるのかを文書にしていった。

最終的には政調会長の甘利の承認を得る必要がある。「自民圧勝」の見出しが新聞に躍った選挙翌日の一七日、宮沢は甘利と会った。宮沢によると、補正予算に関する閣議での安倍の発言要領をチェックした政調会長は、「赤字国債の発行に頼らず」という部分について、「ううむ」と言いながら、赤線を引いて消していった。成長重視派の面目躍如だった。

一二月一八日の朝、安倍は経団連の首脳たちとの会談に臨み、経済分野で意見を交わしたが、米倉は「体調不良」を理由に欠席した。

すでに米倉と安倍の関係は修復不可能の状態になっていた。そしてこのことは、復活した経済財政諮問会議のメンバー選びなどに大きく影響することになる。

米倉を会長に選んだのは前任の御手洗冨士夫だった。内閣官房参与の飯島勲は一度、御手洗と食事をともにしたことがある。そのとき、「まさか米倉さんの思考回路がこんなにもわれわれと違うとは思わなかった」との嘆き節を聞かされたという。

組閣が近づいてきた。官僚にとって自分たちのボスが誰になるのかは死活問題だ。有力な政治家が来れば政策は通りやすくなるし、無能な政治家は自分たちの足を引っ張る。

各省庁は人事情報の入手に全力をあげた。

経産省が「麻生さんが副総理兼財務相に、菅《すが》(義偉)さんが官房長官になる」という情報を入手したのはかなり早い時期だった。

「野田さんが解散を表明した翌週だった」と幹部は述懐する。

官房長官は内閣のかなめだ。全体に目配りしながら案件を処理していく。官房長官を支える内閣官房の幹部たちは各省庁からの出向者も多いが、彼らの情報網にも「菅官房長官」の情報は入った。引継ぎが必要だし、内閣のスムーズな立ち上がりのためには事前に連絡をとることが重要になってくる。内閣官房の幹部たちは、菅が以前大臣を務めていた総務省の人脈を使いアクセスした。

菅には優先して処理すべき案件が説明された。TPP(環太平洋連携協定)への参加問題などどれも重要なテーマだ。官僚の判断を超える、いわゆる「政治マター」として意識された。

そういう判断を必要とする問題ではなく、実務上のノウハウが求められる仕事は官僚たちが最も得意とするところだ。第二次安倍政権のテーマでいえば、日本経済再生本部や産業競争力会議をつくることなどだ。これは自民党の選挙公約でもあったが、この組織をどのように立ち上げるのかが彼らの課題となった。

各省庁にまたがる問題を整理するのは、内閣官房の役割になっている。「政治家の主張する仕組みを矛盾なくつくり、スムーズに動かしていくのは役人の役目だ」と幹部だった官僚は言う。このときの態勢は警察官僚出身で内閣官房副長官となる杉田和博が統括し、経済担当の副長官補は財務省出身の佐々木豊成が務めていた。彼らはさっそく甘利に接触して、通称「人狩り」の準備を進めた。必要となる職員の頭数をそろえるわけだ。日本経済再生本部の総合事務局が、各省庁から出向してくる官僚たちの「収容先」だった。

全部で六〇〜七〇人規模が見込まれたため、次長級を三人配置した。

霞が関の各省庁は後ろ向きのテーマで人を出すことには消極的。なかなかエースと呼ばれる人物を出したがらない。しかし、政権が目玉として考えているような組織をつくるとき、各省庁はその期でも優秀といわれている人間を差し出した。

結果的に、杉田官房副長官、佐々木副長官補の下に、財務省から飯塚厚、経産省から赤石浩一、内閣府から田和宏《たわひろし》という三人が次長級で入った。この三人は、一二月二一日前後にその省の幹部から呼び出され、急遽異動を言い渡された。

霞が関の序列は入省年次で決まる。この三人の中で年次的には一九八三年入省の飯塚が一番上だった。担当は、赤石が産業競争力会議、田和が経済財政諮問会議、そして飯塚が総合調整役に就いた。

「人狩り」と言っても、もちろん組織をきちんとつくった後でなければそこに人は出せない。きちんとつくるというのは、法律を通すとか閣議で決めるとかのプロセスが必要になる。ただ、それまで待っていては時間がないということもよくある話だ。そういうときは、ある程度めどが立った段階で内々の人選ということになる。

一二月二三日。この日は日曜日ではあったが、副長官補の佐々木と次長に指名された三人が顔合わせに集まった。ＰＴＡのような引率役として各省の幹部たちも一緒で、再生本部の役割や所掌を確認した。

再生本部は安倍内閣が復活する二六日の初閣議で設置が決まることになっていた。その閣議決定の文案はそのまま再生本部の役割を規定する。ただ、同時に経済財政諮問会議も復活する。二〇〇一年に発足したこの会議は内閣府設置法に明記されているので、手続き的に何かを追加する必要はなかった。しかし、再生本部や産業競争力会議は違った。これらを法律で規定して設置するには時間がなかった。そこで「閣議決定」による組織としてつくることになった。二六日の初閣議で、再生本部は正式に根拠を得た組織として発足する。そうなると問題は閣議決定の文案だ。

再生本部と諮問会議の関係がいまひとつ不明だったので、二三日に集まった面々は閣議決定の文案を決めていくという形でその調整を図った。

「我が国経済の再生に向けて、経済財政諮問会議との連携の下、円高・デフレから脱却し強い経済を取り戻すため、政府一体となって、必要な経済対策を講じるとともに成長戦略を実現することを目的として、内閣に、これらの企画及び立案並びに総合調整を担う司令塔となる日本経済再生本部（以下「本部」という。）を設置する」

閣議決定の文案が出来上がった。要するに再生本部は「必要な経済対策」と「成長戦略」の二つを主要任務として、経済財政諮問会議と並列で安倍政権の経済政策の司令塔の一翼を担うというわけだ。

再生本部の下に入り成長戦略の具体策を検討する「産業競争力会議」の設置と、経済財政諮問会議の復活も同じ閣議で決める。内閣官房の幹部たちは作業を急ぎ、彼らの上司になることが固まっている菅に説明を行い、承諾を得た。

## 幹部たちは一部屋に

二三日の日曜日に内閣官房副長官補の佐々木や三人の次長、そして各省の幹部たちが集まった会議は閣議決定文の調整を終えると一段落し、各省幹部たちはぞろぞろと引き上げていった。

残されたのは飯塚、田和、赤石の三次長。彼らには閣議決定の文案づくりなどという作業以上に重要な仕事が残っていた。彼らが振り向くと、そこには誰もいなかった。コピーをとってくれる係長も、アポイントを確認してくれる秘書も、実際の中核となる課長クラスも、誰もいなかった。そもそも、具体的にどのような組織にするのかもまったく決まっていない。

三人は「組織図」から手をつけた。どんな仕事をするかで組織は決まってくる。「必要な経済対策」と「成長戦略」という柱を実行するためにどういう部隊が必要かを考えながら、三人は組織図を書いていった。

次は人だ。課長クラス、補佐クラスなど、それぞれ具体的な人数を決め、「人狩り」のお願いは二七日夕方に各省の官房長を集めた会議を開いて、そこで行うことにした。

もう一つ、些細なことのようで重要な仕事があった。職場の机の配置図だ。

新しい本部は民主党政権時代、国家戦略室として使われていた部屋をそのまま活用する。もちろん椅子や机も同じだ。しかし、次長たちはブーメラン型の机に頭を抱えた。民主党が「仕事がしやすい」として導入したが、職員の評判は悪かった。この机の組み合わせを変えることで何とか配置を決めた次長たちは、最終的に一部屋に固まって仕事をすることになった。

関係者はこう述懐する。

「三人の次長たちは一時的に一部屋に集まって仕事をしていたのだが、情報共有は早いし相談もすぐにできる。これはいいのではないかということになって、三人分の個室をつくらずに、まとめて一部屋に入ることにした」

「安倍政権の動きは速かった。そのスピードについていかねばならない。そのために部屋を一つにして意思疎通をスムーズにした」

久しぶりの自民党政権。張り切った政治家たちの要求に官僚たちが応えていこうとする構図だった。

一二月二五日、佐々木と次長たちは甘利を議員会館に訪ねた。経済再生担当の閣僚になることは新聞各紙ですでに報じられていた。しかし、まだ正式な発表はない。行動は隠密だった。

このとき甘利は官僚たちを前にこう言った。

「官僚組織をフル回転させる」

民主党政権は政治主導を唱えて、一切の重要政策から官僚を排除しようとした。それが行政の停滞を生み、批判にさらされる結果にもなったのだが、甘利の発言は「自民党は違うぞ」という姿勢を明確にしていた。

人間頼られれば、そして自分を活用してくれれば、意気に感じるものだ。官僚組織はもともとと自民党と親和性が高いが、お前たちをとことん使うぞという甘利の方針は大歓迎だった。

### 国家意思の貫徹

一二月一六日の選挙で自民党が勝利した直後から経団連は「普通に」動いた。トップ同士の不仲が決定的になってしまったので、かなりやりにくかったのだが、それはそれ、これはこれとして、意図的に何事もなかったかのように接した。それが事実上の関係修復につながると考えたわけだ。

彼らは政権の主要メンバーになるであろう人物たちを中心に回った。特に甘利と自民党前総裁の谷垣禎一は最重要のターゲットだった。

「税と社会保障の一体改革はちゃんとやってください」「成長戦略もお願いします」などと頭を下げた経団連に対して、政治家の側も「約束したことだから守るよ」と答えた。

もちろん動いたのは経団連だけではなかった。様々な利益団体が押し寄せてきた。民主党に政権を奪われた二〇〇九年、自民党本部からは潮が引くように人々が遠ざかっていった。時はめぐってきて、今はまた大勢の利害関係者で満ち始めた。

財務官僚の一人は、自民党政権に期待をかけた。

「景気も悪い。安倍さんは金融政策の重要性も強調している。がんばって支えねばという気にはさせられた」

その金融政策は次第に舞台の真ん中にせりあがってきていた。中央銀行の独立性や、リフレ論の是非に関する検証などよりも、「次期首相がそう言っている」ということで、「大胆な金融緩和」は所与の前提になっていた。

しかも次期首相は一一月二八日にテレビのインタビューで、「アコードと二％の物価目標」が獲得できるなら法改正は不要だと発言した。アコードとは政府と日銀が結ぶ政策協定のこと。裏を返せば、これらを決めないのであれば、日銀法改正もあり得るぞというわけだ。

完全に脅しに近かったし、以前であれば「独立性を侵す発言だ」という批判も出たが、日銀への言及の多さの中に埋没してあまり問題にならなかった。

議院内閣制であれ、大統領制であれ、中央銀行の位置づけはどこの国・地域でも微妙なものがある。いったい彼らは政府の一部なのか――。

特に新日銀法の下で新体制に移行した日銀と政府の関係はいつもぎこちないものだった。

新日銀法では第三条で「日本銀行の通貨及び金融の調節における自主性は、尊重されなければならない」とうたい、第四条で「日本銀行は、その行う通貨及び金融の調節が経済政策の一環をなすものであることを踏まえ、それが政府の経済政策の基本方針と整合的なものとなるよう、常に政府と連絡を密にし、十分な意思疎通を図らなければならない」と書かれている。時の政権と近いか遠いかは、どちらの条文を前に出すかで決まることになる。近ければ四条、遠ければ三条と。

安倍が政権に復帰することで、この問題が再びクローズアップされてきた。しかも今度は総選挙という民主主義の基本的な営為で「金融緩和」を掲げた陣営が勝利している。

政権がつくられるとき、その政党は特定の政策を実施しようとする。そして、その政策をつくるという意思は、首相↓各閣僚↓各省庁という形でおりていく。国家意思の貫徹だ。日銀はこのような政治家の意思が貫徹していくべき対象なのか――。

安倍内閣の再登場を前に、関係者は固唾をのんで展開を見届けようとした。

## 財務省の登場

選挙から二日たった一二月一八日、日銀の白川総裁が自民党本部に安倍を訪ねた。関係者は過去に自民党本部を訪問した総裁がいたのか調べようとしたが、はっきりしなかった。しかし、異例であることは間違いない。

白川は安倍訪問を早くから考えていた節がある。

「鳩山さんのときも選挙直後にこちらからご挨拶に伺ったんだよ」

周囲は総裁からこう説明を受けた。たしかに自民党から民主党に政権が交代する直前の二〇〇九年九月一日にも、白川は鳩山を訪ねている。

民主党政権ができたときもそうしたのだから今回もそうするべきだろう。これが白川のロジックだった。しかし、三年前のことなど誰も覚えていない。しかも安倍は選挙期間中、現行の金融政策批判を連呼してきた。周辺からみれば、白川が党本部に呼びつけられて、安倍の軍門にくだったという印象しか残さない。

しかし、白川は単騎、永田町に乗り込んだ。

副総裁の山口や西村清彦以下、部下たちは気をもみながら白川の帰りを待ったが、案の定「安倍さんは、白川恐るるに足らずと思ったようだ」という評価が日銀に伝わってきた。

「行かなければよかったのに」と言っても後の祭りだった。

白川は自民党本部で待ち受ける記者団に何も言わなかったが、遅れて出てきた安倍はこう明言した。

「二％のインフレターゲットに向けて、日銀と政策アコードを結ぶことを検討いただきたい。

そう申し上げた」

白川と安倍の個人的な関係がどうあれ、政策は決めねばならない。選挙期間中から、「デフレ脱却は金融政策で」と繰り返してきた安倍だけに、首相として日銀への注文が倍加するのは目に見えていた。

日銀と首相官邸が直接やり取りすることは難しい。新日銀法は、戦時立法で政府に総裁解任権や業務指揮権などが与えられていた旧法とは違う。

しかし、今回は異様だった。これだけ金融政策を前面に出した選挙はかつてなかった。難解でとっつきにくいと思われている日銀の話など、有権者の心に響くものではなかったからだ。にもかかわらず安倍は、「デフレ脱却は金融政策で」と訴えて圧勝した。言い方を換えれば、安倍の主張の裏には多くの国民の支持があるとも理解できた。

一方で、白川が安倍の掲げたロジックに大反対であることは、よく知られていた。日銀と官邸の間に、誰かが橋を架けねばならない。事態の推移をみながらその役目を担ったのが、日銀の所管官庁でもある財務省だ。

財務省は前身の大蔵省時代から霞が関の中心に座り、日本全体を俯瞰しながら行政を展開してきたという自負をもつ。不良債権処理とともに生じた金融スキャンダルなどが契機になり、金融庁が分離・独立させられ、そこに小選挙区制の導入や内閣法改正などによる首相権限の強化が加わりそのパワーはダウンした。それでも、政策関連事案をうまくおさめ日本の統治機構全体を保守していこうという「国士的」なDNAは脈々と受け継がれている。

解散が確定し選挙戦が始まるころ、つまり一一月ごろからこの役所はひそかに動き始めた。デフレは貨幣現象であるので、日銀が単独で責任を負うべきだとする安倍次期官邸。構造的要因によるものだとしてインフレ目標などを排除し、せいぜい「目途」で済ませようとする日銀。この両者の開きはきわめて大きい。

少なくとも民主党は違った。政権を率いていた首相の野田は「もう少し前向きに動いてくれてもいいのでは」と思いながらも、日銀の独立性を意識しながら議論を進めねばならないと考えていた。

「白川さんは言動に派手さはないが、私はリスペクトしていた。一種の同志性も感じていた。そして日銀の独立性を尊重し無理をしてはいかん、お互い納得ずくで動いていく必要があると思っていた」

一二年七月一〇日に民主党政権下で発表された「デフレ脱却等経済状況検討会議第一次報告書」の中ではこう書かれている。

「デフレから脱却するためには、適切なマクロ経済政策とともに、生産、分配、支出にわたる経済の円滑な循環を妨げている構造的要因の改革が必要である」

まさに白川が言ってきたことだ。安倍はここを攻撃してきている。デフレは貨幣現象であり、構造的要因云々は別問題なのだ、と。

独立性についても浜田や本田、高橋ら安倍のブレインたちは、中央銀行の独立性というのはあくまでも手段の独立性、つまり政府からインフレ目標を与えられたうえで、誘導目標である金利やお金の量を達成するために、どのくらいの年限の国債をどのくらい買うのかなど日常のオペレーションの独立性のことだとみていた。インフレ目標とは「物価上昇率二％」という「大目標」で、誘導目標とはその物価上昇率を達成するために「年間八〇兆円の国債を買い増す」とか「短期金利を〇・一％にする」などという「小目標」のようなものだ。

日銀は違う。インフレ目標を定めるかどうかも含めての独立性であり、どの水準に誘導すべきかも日銀の意思によるという考え方が強い。

ただ、こんなことを言い合っていてもまったく前には進まない。

財務省は、というよりも霞が関官僚は、常に政治的かつ政策的スケジュールを頭におく。「××月××日に国会でこういう委員会がある」「〇〇日から国際会議が始まる」――。当然、日銀の最高意思決定機関である金融政策決定会合の日取りも頭に入っていた。一二月は一九、二〇日の両日だ。財務省が得ている情報によると、一二月一九日はまだ組閣が終わっていない。つまり形のうえでは民主党政権が続いている。そうすると、最大の山場は一月の決定会合になるだろう。

関係者によると、このころ「ふわふわと漂っていた」のが、一二月の臨時金融政策決定会合開催案だった。日銀法でも認められている会合だ。このアイデアには、インフレ目標二％などを決めることで次期政権の先手を打とうという狙いが込められていた。しかし、最終的に臨時会合は時期尚早ということで見送られる。やはり勝負は一月ということになる。

霞が関では「文書」を念頭におく文化が形成されてきた。最近は「文書を作らない、残さない」という傾向が強くなってしまったが、同じ省内の局同士の了解事項から役所間の合意まで、文書で作り、その一言一句を詰める習性があった。

安倍政権と日銀は対立してなんかいない、日本経済をよくしようという立場からともにがんばっているんだ――。

実態はどうあれ、そんな文書が必要になると財務省は思っていた。特に安倍は選挙期間前から「アコードが必要だ」とあちこちで言っている。「アコード」と名づけるかどうかは別にして、両者の間で何らかの合意文書を作ることがイメージされている。

一方の日銀には、「すでに一〇月に民主党政権で文書を出したではないか」という思いがあった。

一二年一〇月の内閣改造で経済財政政策を担当する国家戦略担当となった前原誠司は、さっそく日銀による「外債購入」などを強く主張した。政府と日銀の協議の結果、こんな文書がまとまって公表された。一二年一〇月三〇日のことだ。

「日本銀行としては、「中長期的な物価安定の目途」を消費者物価の前年比上昇率で二%以下のプラスの領域にあると判断しており、当面、消費者物価の前年比上昇率一%を目指して、それが見通せるようになるまで、実質的なゼロ金利政策と金融資産の買入れ等の措置により、強力に金融緩和を推進していく」

すでに一〇月に出しているのだからそれ以上必要ないとして「文書など作れない」と突っぱねることも、日銀にはできた。総裁が当初、「こんなことをして、後世批判されないだろうか」などと言って、文書作りに戸惑っているという印象を周辺に与えていたので、白川を見守る周辺はひやひやすることもあった。

しかし、選挙が終わればまず間違いなく安倍が官邸の主になる。しかも選挙戦に入る前、九月の自民党総裁選の段階から金融政策を前面に押し出している人物だ。きちんと準備しないで安倍を迎えたら現実の政治に翻弄されるにきまっていた。一〇月の民主党との文書も、政権交代をみすえてわざと穏やかなものにしてある。

財務省は基本的な方針を固めた。まだ世の中が選挙一色だったころだ。まず、目的を明確にしておく必要があった。

「政府と日銀の政策連携の強化」

一言でいえば、こういうことが目的になるべきだ。ではそのためには何をするか。それは文書を作る。名称はすでに官邸の主になる人物から「アコード」を主張する声が届いていた。おそらくこれはもめるだろう。

中身をどうするか。「二％の物価目標」。これは外せない。これが入らねば何のための文書なのかということになる。

復活する経済財政諮問会議で検証するというのも、これまでの安倍の主張などをみると文言として含む方向でいかねばならないだろう。そして、これらを盛り込んだ文書を一月二二日の金融政策決定会合で了承する。

財務省は、情報管理を徹底させながら、日銀との作業を急いだ。

日銀と財務省が文書を作っている――。しかも起こるであろう政権交代の前から――。このことを知っていたのは、両組織のごく一部の幹部たちだけだった。

## 「アコード」の調整

ある日、財務省と日銀の担当者は一枚の紙をはさんで考え込んでいた。

「物価安定の「目標」」
「二％」
「説明責任」
「目標の達成時期」
「雇用の安定」
「アコード」
「政府の取り組み」

この手の概念整理は霞が関でよく使われる手法だ。一つ一つの単語の裏には深い思惑が秘められている。それをほぐして共通の理解を得ることによって、次第に文章を練り上げていくのだ。

単語が並べられた紙がもつ重要性には日銀側もすぐに気づいた。

まず「目標」という単語。これまで日銀が頑として拒否してきた表現だ。これは「インフレターゲット」の考え方で、二〇〇〇年代が始まる前後から、「中央銀行は目標を導入するべきか否か」をめぐって猛烈な論争が展開されてきた。

もちろん日銀の立場は徹頭徹尾「ノー」。白川も〇六年に日銀の理事を辞して京都大学で教鞭をとっていたころに著した本の中で「インフレーション・ターゲティングの採用の有無がマクロ経済のパフォーマンスの違いをもたらしているかどうかという点について詳細な実証研究が行われるようになっているが、判然とした実証結果は得られていない」（『現代の金融政策』日本経済新聞出版社、二〇〇八年）と論じていた。このときは、その後自分が総裁になってインフレターゲットをめぐるドタバタに巻き込まれるなどとは思ってもいなかったであろうが。

そして「二％」。数字を明確に示したのは、一二年一〇月の文書がある。このときは「目指す」べき物価上昇率は一％とされた。これを二％に引き上げようという腹だな。日銀側は即座に財務省の、いやその後ろにいる次期政権の意向をくみ取った。

財務省側はこの数字が「国際標準である」ことを強調した。たしかにニュージーランド、カナダ、英国、スウェーデンなどの中央銀行は二％のインフレターゲットを採用し、金融政策の運営に利用していた。また米国のＦＲＢや欧州中央銀行もインフレターゲットに近い政策をとっているとされた。しかし、だからといってそれが「国際標準」といえるのかという疑問は日銀の中で強かった。それぞれの国には独自の経済社会情勢があるのだ、と。

次に「説明責任」。要するにデフレは中央銀行の責任であり、物価が上がらない場合は中央銀行がきちんと説明を果たせという発想だ。

当然、この裏には「デフレは貨幣的な現象なのだからマネーを大量に供給すればいい」とするリフレ論の考えがある。日銀が簡単にのめるような単語ではなかった。

さらに説明責任という単語の裏には、「日銀総裁の解任権」という問題が潜んでいた。物価上昇が思うように果たせない場合、日銀が責任をとれという。しかし、責任をとるというのはどういうことなのかはっきりしなかった。

「目標の達成時期」は、日銀にとって論外だった。「二年で二％の物価上昇を確約しろ」と言われても、できないとしか言いようがない。財務省もこの要求が白川日銀にとって無理筋であることはよく理解していた。

次の「雇用の安定」にも、日銀は拒否反応を示さざるを得なかった。この表現が政府と日銀の間で語られるとき、それは「日銀法の改正」を意味することが多かった。一九九八年に施行された現行日銀法で「通貨及び金融の調節」を行うことは「物価の安定」を通じて「国民経済の健全な発展」を図るためなのだという構造になっている。「雇用の安定」が加わると、雇用、つまり経済全体に責任をもたされる。景気が落ち込み失業が増えたら、半ば自動的に金融緩和に動かざるを得なくなる。

仮に日銀法改正に至らずとも、この表現が加えられれば、事実上の日銀法改正になる。立法府の権能を侵犯しているという意味では国会で問題になる可能性はあるのだが、政権交代が確実になればまず文句を言う者はいないだろう。

日銀の危機感は深まった。

そして「アコード」だ。

アコードというのはもともと米国の政府とFRBの間で結ばれた協定を指すのが一般的だった。しかし、中身は日本での理解とは異なり、FRBの独立性強化のための文書だった。日本での用例は世界の金融界の常識とは異なるし、独立性強化の意味ととられると懸念した財務省は「共同声明」という言葉を用意した。

これらの概念整理が進むうちに、時間はどんどん過ぎていった。選挙で自民党が勝利しそうになると、そろそろ決定のタイミングについても安倍の耳に入れておく必要があった。金融政策という有権者には縁遠いテーマを掲げた選挙で大勝し、リフレ派の理論を実際の政策に適用する時が来た——。

こんなムードがいくら広がっても、「何かを動かす」ための決定会合はどう考えても一月二一、二二日になる。財務省はこのスケジュール観を新政権の要路に伝えた。

同時に日銀の首脳たちは、財務省が「新しい政権と対決するのはいいが、組織をめちゃくちゃにされるぞ」と警告してきたという部下からの報告を受けた。これはたぶん脅しではない。本当にそうなるかもしれない。彼らは改めて思った。安倍政権は本気だ、と。

## 諮問会議の復活

内閣府も金融政策に関与できるポジションにあった。

前身の経済企画庁時代から財務省と並んで金融政策決定会合にも政府代表として出席し、それなりに意見も表明してきた。

ただ、経済企画庁時代は「官庁エコノミスト」の集団として一目おかれていたものの、二〇〇一年の省庁再編により、経企庁、沖縄開発庁、総理府、国土庁の一部、科学技術庁の一部などなど、多くの省庁が寄せ集め的に集合しているため、守備範囲が広すぎるのが問題になることもあった。

各省ならばトップである大臣は一人しかいない。しかし、内閣府には様々な「特命担当大臣」が入ってくる。事務次官はそれぞれのボスをうまく使いこなさねばならない。そんな内閣府にとっても、官房長官は重要な上司となる。入り組んだ各省調整案件を仕切る内閣官房とともに、内閣府は官房長官のところへの出入りが多かった。

事務次官の松元など内閣府高官も、官房長官に菅が内定したという情報はかなり早くから入手していた。抱える課題の説明には早く行かねばならない。菅はそうやって訪ねてきた官僚たちに指示を出した。

「経済財政諮問会議再開に向けての準備を早めにやれ」

この会議が始まったのは〇一年だ。小泉内閣のころは事実上政策決定の場となり、郵政民営化の基本方針などについて議論が交わされた。

菅の「早めの準備」という指示を内閣府の官僚たちはこう受け取った。

「人選を急げと言っているのだな」

似たような会議を新しくつくる動きはすでに察知されていた。経産省が派手に永田町を飛び回っていたからだ。経産省のイメージする再生本部と諮問会議の関係は判然としなかったし、財務省や内閣府は「マクロ運営を含めて再生本部ですべてやろうというのが経産省の意図ではないか」と怪しんだ。

経産省も狙いに濃淡の差はあったが、官房長の立岡などは部下に対して「ちゃんとやるなら三本足の方がいい」と伝えた。これは経産省、財務省、内閣府の三省態勢で臨むべきだという意味。経産省だけ前に出ても意味がないという一種の常識論だった。

## 「もう少し待ってくれ」

一二月二〇日に日銀は金融政策決定会合を開いて、国債などを買い入れる基金を一〇兆円増額するという追加の金融緩和策を決めた。

ロジックはこういうことだった。

日本経済は一段と弱含んでおり、当面そうした動きが続くと予想される↓国際的にも日本経済をめぐる不確実性は引き続き大きく、金融・為替市場動向の景気・物価への影響にも注意が必要である↓日本経済が物価安定のもとでの持続的な成長経路に復していく軌道を踏みはずさないようにするためにも金融緩和を一段と強化することが適当と判断した――。

そして、もう一つ、日銀はこういう発表を行った。

「日本銀行は、「中長期的な物価安定の目途」について、原則としてほぼ一年ごとに点検していくこととしている。次回金融政策決定会合において、金融政策運営に当たり目指す中長期的な物価の安定について検討を行うこととし、議長は、必要な論点を整理し、次回の会合で報告するよう、執行部に指示した」

記者会見で総裁の白川は「安倍総裁からも物価目標について検討の要請をいただいたところだ。来年一月の決定会合で結論を出す。会合で十分議論し、新政権ともよく話し合っていきたい」と述べた。

つまりインフレターゲットについては来年一月に表明するから、もう少し待ってくれ、というわけだ。財務省のシナリオ通りだった。

このとき日銀の中では、もう少し別の問題も起こっていた。

それは、日本経済が下降局面であるとするならば、それに対策を打たなくていいのかということだった。

日銀の中は割れかけていた。総裁・副総裁の三人と、理事以下の日銀職員は通常「執行部」

と呼ばれ、ほかの審議委員と区別される。それだけに執行部の中から反旗が翻ることは通常考えにくかった。過去に総裁と副総裁の意見が分裂したケースは少ない。

しかし、関係者によれば一二年の後半、副総裁の西村が独自の動きを示し始めていた。より大胆な政策を展開するべきではないのか、そのためにはこれまでにないような案を検討してもいいのではないか——。

その情報は周辺にもすぐに伝わっていた。西村は一一年四月にも独自の提案を出したことがあるだけに重く受け止められた。最終的に提案ではなく、会合の中の発言で緩和すべきではないかというトーンを打ち出すにとどまったものの、ある日銀当局者は「大事には至らなかったが、白川さんへの不満が表明されたのだと思った」と話していた。

## 日銀の上と下

内部にくすぶる不満を抱えながらも、一二月の金融政策決定会合をまたぐ形で、日銀と財務省の議論は加速した。

同時に、日銀としても腹をくくる時期が近づいてきたことは幹部全員の共通認識だった。

財務省の文書には「目標」とか「達成時期」であるとか、これまでの日銀であれば受け入れがたい単語が並んでいた。さらに「雇用の安定」とか「説明責任」など、下手をすると日銀法改正に直結するような表現もある。

しかし、政権が代わり、すべてを「ノー」と言って通るとも思えなかった。

日銀内でこの問題を話し合っていたのは、白川以下、副総裁の山口、企画担当理事の門間、企画局長の内田の四人が中心であった。

この四人は、全員大学を出てすぐ日銀に入行したいわゆる「プロパー」だ。もう一人の副総裁だった西村は東大教授からの就任。このころ、白川や山口に招かれ西村もよく議論に顔を出していたことを関係者の一人は覚えているが、やはり西村に上がってくる情報の量と質は山口と同じではなかった。

財務省との間で草案がやり取りされるようになっても、態勢に大きな変化はなかった。文書の中身は理事の門間や局長の内田が、総裁の白川や副総裁の山口の意向を聞いて書いていくという作業を繰り返した。

ただ、この四人の中でもラインは引けた。金融政策決定会合のメンバーでもある正副総裁の白川、山口と、事務方のトップである門間、内田との間には、明確な違いがあった。門間や内田からみれば、「財務省が実はこう言ってきている」など自分たちの知らない話が白川と山口の間では交わされているかもしれないという推測はできた。しかし、それ以上は詮索しても意味のない話だ。二人はコマとして働き続けた。

日銀側の四人の中でも、副総裁の山口がキーパーソンとなった。理事である門間以下の情報をとりまとめ、白川に報告した。白川は山口に相談し、決まった話の中でおろせるものは門間以下におりてきた。

部下たちもこの方式を好んだ。いきなり白川のところに持っていくよりも、すべての情報を頭に入れている山口のところで交通整理してもらった方がいいだろうという配慮を示し、「白川への情報の上げ方」を山口と相談することが増えていった。

山口は財務省との橋渡し役も担った。

霞が関や日銀は格が重要だ。昔から、総裁のカウンターパートは大臣、副総裁は事務次官、理事は局長と相場が決まっていた。したがって、山口の相手は事務次官の真砂《まなご》だ。実際この二人は一二月から一月にかけて何度も電話で話し合うことになる。

山口と真砂は以前からの知り合いだったし、真砂からみれば日銀に出向していた一時期、白川は上司だった。日銀と財務省にはそんな人的つながりもあった。

その間も安倍勝利で勢いづくリフレ派からの攻撃がやむことはなかった。「インフレターゲットは各国で導入されている」「デフレがマネーの現象だというのは世界の常識で、それを否定する日銀の姿勢は間違っている」――。

日銀のある高官はこう考えていた。

「マクロ経済政策は実証できない。宗教や哲学に近い。反論しようとしても材料がない。だからこの二〇年間、日銀はローマ教皇に挑んだ異端の闘いをしてきたのかもしれない」

ただ、日銀の中も一枚岩だったわけではない。政策決定権は総裁、副総裁を含む九人の審議委員にある。しかし、それ以外にも経済・金融理論に関する俊英たちは揃っていた。彼らの中には一種のフラストレーションを感じている者もいた。繰り返してきた金融緩和に対する手詰まり感。「遅すぎて少なすぎる」と評された決定の仕方。「あまりに受身だ」と思った当局者もいたし、もう少し思い切ったことができないか、金融政策の発動余地もまだあるのではないかと考えた幹部もいた。そして経済理論的にみれば、今の段階で金融政策と構造改革を同時に進めるのは正しい組み合わせだと、アベノミクスの三本の矢を評価する考え方も存在した。

しかし、金融政策は大衆討議で決めるわけではない。総裁の白川が首を縦にふる必要がある。日銀と財務省のごく一部の当局者たちは現実的な「落としどころ」を探った。

## 矜持と落としどころ

日銀内部の議論は行きつ戻りつした。

その年の一〇月、日銀は一％の「目途」という単語を使って、インフレターゲットの設定をしのいだ。

世間一般からみれば、「目途」も「目標」も大して違いはない。しかし、日銀は違った。

そんな日銀の中でも、白川は頑なだ、とみられることもあった。周囲には自分の頭の中でロジックを懸命に考えているように見えたし、実際、部下から様々な案件が上がってくると、「そこまでする必要があるのか」と思うくらい詰めに詰めた。

また、この総裁は中央銀行の矜持を大切にしている、と感じる部下が多かった。「妥協」という言葉が出ると、白川は嫌な顔をした。少なくとも周囲にはそう見えた。

「経済や金融は理論で動くものであり、中央銀行が政府と妥協するということはあり得ないと思っている。もちろん現実にはなかなかそうはいかないのだが、理想論に引っ張られる」

部下の白川評だ。

官僚は逆だった。彼らの特性の一つは、何か対立する問題で議論していても常に「落としどころ」を考えることだ。期限が切られていればなおさらだ。答えが出せなかったでは済まされないことがあれば、議論を双方が満足する形で着地させねばならない。そういう妥協点とか「落としどころ」を探るのは霞が関官僚の最も得意とするところだった。

どちらかというと原理主義的になりがちな日銀マンの中にも、着地点の模索がうまい幹部はいた。周囲からは副総裁の山口はそのタイプだろうとみられていた。

しかし、白川は違う。そもそも、金融政策だけに寄りかかってデフレから脱却しようなどとはあり得ない――。

会う人々は白川から持論を聞かされた。外部の人間にはソフトに、内部の人間にはかなり強い口調で。ただ、政治の世界でそのような言説はほとんど通用しなくなっていた。

**「それを言っちゃあ、おしまいよ」**

安倍は時折脱線した。一国の最高権力者になるというおごりなのか、高揚感なのか、つい本音が口をついた。

組閣を翌日に控えた一二月二五日もそうだった。都内の会合で挨拶した安倍はこう熱弁をふるった。

「金融政策によって円高を是正していくのは当然のことだ」

多くの日本企業が円高に苦しんでいる。円高是正は至上命題だ。しかし、円安にするということはその裏側の通貨、たとえばドルが高くなることを意味した。もし意図的に自国通貨を誘導しようというのであれば、「通貨の引き下げ競争はしない」という国際ルールにも反する。

たしかに金融緩和すれば、その国の通貨は安くなる。しかし、建前的に、それは結果としてそうなるのであって、通貨安を目指して緩和するのとは違う。それを堂々と「金融緩和で円高是正だ」などと言えば国際的な反発を呼ぶ。

霞が関でよく使われる「男はつらいよ」の名セリフを使えば、「それを言っちゃあ、おしまいよ」なのだ。

財務省は「安倍さんも本音が出たな」と思ったものの、すぐに「結果としての円安はOKだが、円安を狙っての緩和は国際的に通用しない」ということを説明した。

「総理はすぐに理解された。それ以降、円安のために金融緩和するというふうには言わなくなった」

関与した財務官僚はこう話す。

ただ、この問題はアベノミクスの本質に直結した。何のために日銀に金融緩和を求めるのか――。

もちろんデフレから脱却するのが最大の目標だった。そのためには金融政策で対応すればいいんだといういわゆるリフレ派の主張に囲まれた安倍にとって、今ではそれは「自明の理」だ。しかし、金融緩和に期待するのにはもう一つ大きな理由があった。それは円安への転換だ。「霞が関はみんな、一ドル＝七〇円とか八〇円という水準に対して何とかしなければという思いはあった。あまりにも円高に過ぎる。そして介入以外に為替相場が動くのは金融政策しかないというのも、これまたみんなわかっていた」

財務省の幹部はこう振り返る。

露骨には口にできないが「金融政策の結果としての円安」はＯＫだ。日本経済の重しになっていた円高を転換させるためにも、日銀の金融緩和、しかも大胆な政策が求められている、というのは霞が関の共通認識となっていた。経済政策でアドバイスしてきた本田も、金融緩和を出発点とした円安への波及経路を早くから安倍に説いていた。

もちろん多くの政治家もそのことは理解していたのだが、彼らが官僚と違うのは口の軽さだ。なかなか止められなかった。安倍以外からも政治家の不規則発言は続き、米国などから不満が表明されることになる。

# II

二〇一二年一二月〜一三年一月

# 第5章　スタートダッシュ

新しい政権が誕生するときのエネルギーには大きいものがある。ただ、勝利の余韻に浸る間もなく全力で走り始めないと国民の支持はすぐに消えていく。官僚もアベノミクスという場を利用してこれまでの課題を整理し、有力政治家がつくる強い政権の国家意思に便乗しようと懸命になっていた。

## 「三本の矢」登場

一二月二六日。第二次安倍内閣の顔ぶれが発表された。

首相　安倍晋三
副総理兼財務相　麻生太郎
官房長官　菅義偉
経済再生担当相　甘利明

経産相　茂木敏充……。

こういう顔ぶれをみて、甘利や茂木らの間を駆け回ってきた経産官僚はこう感じていた。

「選挙前の経済政策検討チームをそのままスライドさせたな。人事と政策がかみ合っている」

成長戦略を重視する。円高の流れを変える。内需を喚起する――。彼らは取りかかる仕事に意欲を感じた。

記者会見に臨んだ安倍はこう明言した。

「内閣の総力を挙げて、大胆な金融政策、機動的な財政政策、民間投資を喚起する成長戦略、この三本の矢で経済政策を力強く進めて結果を出してまいります」

初めて「三本の矢」が登場した。

組閣のあとは閣議だ。安倍は初閣議の場でこういう話をした。

「日本経済再生本部を全閣僚をメンバーとして立ち上げる」

「日本経済再生本部を中心に、円高・デフレから脱却し、強い経済を取り戻し、大型経済対策により、景気底割れを回避し、成長戦略の実現により民間投資を喚起する。三本柱の総合パッケージで経済運営を行う」

「マクロ経済運営全般については経済財政諮問会議で検討する。成長戦略の実現については、日本経済再生本部に産業競争力会議を置いて検討する」

そして、続けてこう話した。

「こうした経済再生を実現するための緊急経済対策を早急に策定し、必要な予算措置をスピーディーに実現する。この対策の中で、金融政策や競争力強化のための規制緩和など、政策を総動員する」

金融政策の発動に閣議で言及する。考えようによっては中央銀行の独立性に対して挑戦的にも見えるが、首相を支えるアドバイザーたちは、「そういう問題の立て方が日本をだめにしてきた」と気にするふうはなかった。

安倍はこう言い切った。

「このため、各省大臣以下には年末年始返上で取り組んでもらう」

たしかに、普通の年なら一二月二六日はもう御用納め気分だ。しかし、安倍内閣は違うところを見せつけねばならない。働く内閣を実証しなければならない。

官僚たちは頭の中では理解していたが、総理大臣にはっきりと宣告され、年末年始の休みが吹き飛ぶのを改めて覚悟した。

## 顔そろえた参与

組閣が終わり午後一一時一八分に初閣議が終了した。そのあとも首相補佐官らに辞令を交付し、日付が変わるころ首相執務室に戻った安倍にはまだ一つ仕事が残っていた。内閣官房参与たちへの辞令交付だった。

財務省事務次官経験者の丹呉《たんご》泰健《やすたけ》や、小泉首相の秘書官だった飯島勲、金融政策の助言者である本田悦朗、それに京大教授の藤井聡らが並んで辞令を受けた。

首相はアドバイザーとして参与を任命できる。政策面での助言を期待しているわけだ。

藤井はもともと土木工学の専門家だったが、公共事業の必要性から経済政策にも関心を抱くようになり、デフレ脱却と国土の「強靭化」などを説いていた。知り合いの参議院議員を通じて安倍と知り合い、議員会館を訪ねた藤井は、自分の考え方をまとめたパワーポイントを示しながら、年間一〇〜二〇兆円程度の公共投資を一〇年間継続することが必要だと訴えた。藤井によると安倍は「あなたの言う通りだ」と応じ、積極財政論に賛同した。

その後も資料を送るなどして、藤井は財政の拡張と「デフレ脱却・国土強靭化」を安倍に訴え続けた。選挙直後に安倍を訪問した藤井の祝意に対し、安倍はこう返答した。

「藤井さん、参与になってくれないかな」

参与というポジションの簡単な説明を聞き、藤井は即答で「わかりました。全力でお支えします」と受けながら、こう強調することも忘れなかった。

「公共事業はとりあえず、一五兆円規模を三年間続けねばダメです」

常々、「あくまでも公共投資が主で金融政策は従。緩和不要とは言わないが、それは金利上昇を抑えるためのもの」と主張する藤井が二六日に受け取った辞令には、「防災・減災・ニューディール担当」と書かれていた。ニューディールというのは大恐慌に陥った米国で採用された有名な政策。公共事業などを中心に経済に対して政府が積極的に介入していった。「ニューディール担当」というのは藤井にはうってつけだと思われたし、この人物の言うような大規模支出は補正予算という形で準備されていた。

飯島勲は秘書官として小泉純一郎政権を支えた人物だ。政権が発足する前から参与就任を打診されていたが、「それでは小泉政権の再来だと言われる」と固辞していた。しかし組閣直前、都内のレストランで安倍本人から「僕も五年五か月、徹底的に小泉内閣を支えた。だから今度は」と口説かれたという。「特命担当」という肩書で安倍を支えることになる。

同じく小泉首相の秘書官だった丹呉は財務省出身だったが、官邸と各省間の調整を期待されていた。官房長官の菅は「霞が関とのパイプ役になってください」と丹呉の役割を明確にした。

自宅で待機するように言われていた本田にもその日の午後遅く連絡が入り、首相官邸に出向くように命じられた。これまで長年の友人ということで単なる私的アドバイザーだった本田が、公的な肩書をもち表舞台に出た瞬間だった。

そんな本田には二つの課題が安倍から与えられた。一つは、将来の経済問題の整理をして対応方針を定めること。もう一つは、「経済で何か起こった場合にどう解決するのか」ということを首相に進言すること。本田はこのあと、日銀という「当面の問題」と格闘することになる。

同じく内閣官房参与になったのがエール大学名誉教授の浜田だった。この人物もいわゆるリフレ派の重鎮で安倍に対してアドバイスを与えていたが、本田と浜田が初めて会ったのは、参与になってからだという。一三年の年明けに初めて官邸で会った。その後米国に住む浜田は、一時帰国するたびに安倍や本田らと昼食をともにすることが多かったという。

ただ、浜田は学者だった。官僚たちは周囲の状況をよくみて、自分たちが今こう言えばどういう反応を引き起こすか考えて発言することが多い。しかし、浜田は純粋に学問的に思いついたことを口にした。首相官邸四階の参与室で、浜田は消費税を一％ずつ上げたらいいなどと他の参与に言っていたという。

「それではコンビニなんかの実務が大変ですよ」とか「机上の空論じゃないんですか」など

と批判されても、浜田は天真爛漫だった。

参与がどれほどの権限をもつかは明確ではない。単なるアドバイザー的な役割で終わることもあれば、時の権力者に大きな影響を与える人物もいる。帝政ロシアで「悪名高き側近」として有名だった人物になぞらえ、彼らのことを「ラスプーチン」と呼ぶ者もいた。それだけに、参与たちは各省庁の情報収集対象になった。

本田のところには財務省の官僚たちがよく顔を見せた。若手の課長クラスが中心だったが、意見を交換し、様々な課題を説明していった。

財務官僚はもちろん、雑談をしに本田のところに出入りしたわけではない。情報収集が最大の目的だった。

浜田と本田の関係も次第に見えてきた。

「浜田さんは学者で頭は非常に論理的。本田さんは実務家出身。一番厳しいことを言っていた浜田さんの考えを、政治家へのフィルターを通して伝える必要があった。それが本田さんの役割。浜田さんの書いていたものをかみくだいて安倍さんに入れていた」

担当していた財務官僚の分析だ。

二六日深夜、参与の辞令交付式が終わった。リフレ派の元官僚。高名な老学者。ケインジアン的な主張を繰り返す大学教授。多彩な顔触れではある。近くでみていた官僚はこう思った。

「この政権の経済政策は一体どんな論理的構成になるのだろう」

## 去る人々

来る人がいれば、去る人もいる。

選挙で勝ったのは自民党だ。民主党時代に一種の政治任命（ポリティカル・アポインティー）で政府入りした人々はその去就を明らかにせねばならなかった。

安倍が得意満面で組閣に臨んでいた一二月二六日、一人の学者が辞職した。民主党政権時代の内閣府に経済の専門家として参加した水野和夫だった。

「退職人事の発令者が安倍晋三名になっていた。一日早く辞めればよかった」と冗談めかして話す水野だが、民主党政権を支えた政治任用の学者は霞が関官僚たちの行動を観察した。

「できない理由を探すのが官僚機構だ。ある案件では次から次へとノーの理由を言う。大臣は三〇分ごとにアポイントがあるから、多くのレク（レクチャー）が時間切れで終わってしまって何も決まらない。三〇分で予定を入れるとなったときに、その話の命運は決まりだなと思った。官僚にとっては引き分けが勝ちなんですね」

また、経産省政務官だった岸本の感想とはやや異なるが、民主党政権の末期には官僚のサボタージュを感じたという。

内閣官房の「国家戦略室」に異動した後のこと。

「ある役所に頼みごとがあり、担当の古川(元久)大臣からその役所の次官に話をつけたからお願いしてきてくれと言われて局長を訪ねた。しかし、できないの一点張り。政権も代わるし、やっても無駄という感じだった。もどって大臣に報告したが、「仕方ないなあ」という感じだった。露骨に手のひらを返してきた」

選挙後、水野には残留するという手段も残されていたが、安倍政権の下で仕事をする気はまったくわかなかった。水野はそののち大学で教鞭をとることになるが、民主党の経済政策の展開についてこう話す。

「結局、民主党の経済政策とは何なのか、わからないままだった。「コンクリートから人へ」くらいだったのかな。財政再建のみが前に出た形だが、その先がわからなかった。震災と原発に忙殺された挙句、最後の一年は官僚のサボタージュにあってしまった。このころになると、選挙になれば民主党は負けるだろうという予想があったからでしょうね。風見鶏のような人が多いのだなあと痛感しました」

とりあえず自民党政権に残るという選択をしたポリティカル・アポインティーもいた。内閣広報室に審議官として入った下村健一はもともと民放のアナウンサー。学生時代から知り合いだった菅直人の要請で官邸に入り、「発信」の仕事を請け負っていた。「イラ菅」と陰口をたたかれたこの首相が官邸を去り、野田が首相となっても契約期間は残っていたので仕事を続けていた。

官邸ホームページに手を加え、ツイッターを始めるなど、様々な発信作業につとめた下村も民主党政権の姿勢は後ろ向きに見えた。

「こういうことをやったらどうか、と官邸で進言すると、できない理由があっという間にいくつも返ってくる。こういうケチをつけられるだろうとか、野党に足を引っ張られるとか」

女子サッカーの「なでしこジャパン」がワールドカップで優勝した一一年夏、政府が国民栄誉賞を授賞することになった。しかし、その表彰式が地味に行われようとしているので、下村はもう少し派手な演出をできないかと画策したが、「なでしこ人気に便乗して政権の延命を図っていると批判される」という理由で中途半端なものとなった。

またあるときは、「明日の新聞の見出しをつくるのが広報の役割だ」と主張したら、「それは違う。明日の見出しにならないようにするのが役割だ」と言い返された。

民主党政権下でそんな経験をした下村は「政権交代で広報ってどんな変化が生じるのだろう」と興味を抱き、しばらく残ることにした。

その下村が一番驚いたのは、安倍政権が誕生した途端、広報の役割がガラッと変わったことだった。これをやってくれ、あれをやってくれという要求が次々に飛んでくる。何かを仕上げて持っていくと、「この部分はもっとわかりやすくこういう言葉で書いてくれ」と注文がつく。しかも仕事が速い。民主党政権時代に政策発信には根回しなどで数日かかっていたのに、安倍の場合は即断即決。あっという間に完成品が官邸のホームページにアップされた。

政権交代を見届けて三月に退任した下村はこういう感想を抱く。

「広報の立場からみたら安倍政権は面白い。民主党政権の守りの姿勢に比べて、安倍首相になってからどんどん指示が来るようになった。まるで川の流れが逆転したかのようだった」

**閣議で金融政策**

安倍内閣発足から二日目、つまり一二月二七日には午後一時半過ぎから臨時閣議が開催された。

一二月末は通常であれば翌年度の予算が正式に決まっている時期。しかし、政権交代でようやく新しい内閣が誕生したばかりだ。予算の準備はできていない。

予算編成は、概算要求から財務省主計局による査定が続き、最後に政治問題となるものが残って、与党と財務省などの調整が続き、最終的に一二月末に閣議決定されるというのが毎年の日程だった。

この年も、民主党政権下での予算編成は淡々と進んでいた。しかし、一一月の衆議院解散ですべてはストップした。そして政権交代。違う政権が予算をつくるのだから目玉政策はすべて変更を余儀なくされる。ただ、来年四月からは新しい年度が始まる。作業時間はきわめて短い。

財務官僚はそれも見越していた。選挙で自民党勝利が見通せるようになったころ、政調会長の甘利に「なるべく早い閣議で予算の編成方針をつくってほしい」と要請した。スタートダッシュが肝心だとわかっていた甘利たちは、財務省の要請通り、初閣議で粗い方針を打ち出し、二回目の閣議で詳細を決めることにした。財務省に乗せられてはいかんと思っていた甘利だが、このスケジュールを拒否する理由はなかった。

この日の臨時閣議は補正予算と本予算の「編成方針」を決めることになっていた。

安倍はこう説明した。

「大型補正予算と平成二五年度（二〇一三年度）予算を合わせ、切れ目のない経済対策を実行する。このため、速やかに緊急経済対策を策定して大型補正予算を実現する。これに平成二五年度予算を組み合わせることで、景気底割れを回避する」

「先行き懸念に対して強力なテコ入れを行うため、既存の予算を最大限見直しつつ、公債発行も含めて必要な財源を確保することにより、最も効率的・効果的な支出の中身とする」

補正予算は通常新たな国債発行を伴わない。「公債発行も含めて必要な財源を確保する」という首相の発言は、事実上、新規の国債発行を容認するものだった。安倍は加えてこう述べた。

「金融政策に加え、我が国の競争力強化のために政策を総動員することとし、大胆な規制緩和、長期資金に対する政策金融の強化を行う」

閣議という場で、安倍は連日、日銀の金融政策に言及したことになる。もちろん閣議での発言を白川総裁がその場で聞いているわけではない。しかし、閣議の発言はことごとく各省合議《あいぎ》の結果まとめられる「大臣御発言要領」として原稿にされる。連日の金融政策への言及には、当然、財務省も関与していた。日本橋本石町に建つ堅牢な建物の中でこの発言を知った日銀幹部たちも、そう理解した。

臨時閣議では民主党時代の予算要求を見直して新たな要求を出し直し、補正については一月七日までに、本予算については一月一一日までに、財務省に提出するよう各省庁に指示することが決まった。

早急な予算編成は選挙が決まったときから考えられていたことで、霞が関の官僚たちにとっては予想の範囲内だった。彼らにはそれをどうやったら実行できるかの算段は立っていたが、実務量は少なくない。そして時間はない。二六日の初閣議で言及された「年末年始の返上」を実行してどうにか間に合う。

臨時閣議は安倍の発言を受けて、財務大臣になった麻生がこう引き取った。

「現在の平成二五年度(二〇一三年度)予算の要求総額が前年度予算額を大幅に上回っていることを踏まえ、今回の要求については、各府省の現在の要求額または前年度予算額に基づくこととするが、新たな要求が短期間では精査が難しいなどの事情がある場合には事項名で要求していただくなど、柔軟に対応することとしたい」

小難しい言い回しだが、要するに民主党時代に提出した予算要求より大きくするなよ、要求額を確定できない場合は件名のみを記す「事項要求」で持ってこい、と言っていた。

「一二年度補正はある程度大きくいくという方針は早い段階で(自民党から)きていた。景気もあまりよくないので、それなりのものが必要であることは明白だった」

当時の財務省幹部はこう振り返る。

すぐに予算に計上できて、即効性があり、自民党の要求に沿える内容にするにはどうしたらいいか。答えはそう難しいものではなかった。

財務省で予算編成を担当した主計局幹部はこう言う。

「公共事業はすぐに効果のあるものを集めねばならない。それはトンネルや橋の補修など。そういうものをかき集めた。すぐに執行できて、地元業者にお金が落ちて、防災上からも説明がつく。そういうものを国交省をはじめとする要求官庁に持ってこさせた」

同時に麻生からこういう指示がおりてきた。

「ばらまき施策はとらない」

民主党政権時代に、子ども手当や農家への所得補償などを「ばらまきだ」と批判していた自民党だけに、どうしても必要なスローガンだった。もちろん、何がばらまきで、何がそうでないかの基準はあいまいだ。自民党とて過去に何度もばらまき的な政策に手を染めている。しかし、政権復帰当初の怒濤の流れの中で、麻生の指示に異議をはさむ雰囲気は皆無だった。

一二月二七日の夕方、各省の官房長が集められた。「人狩り」の始まりだった。

「人狩り」とは物騒であまり響きのよくない霞が関用語だが、このときは閣議で決まった再生本部に各省から職員を派遣せよという意味だった。

官房副長官補の佐々木がこう言った。「人を出してほしい。明日の昼までに出してほしい」

居並ぶ官房長たちは「え、明日？」と驚いた様子だったが、「お前のところは課長クラス何人、補佐クラス何人」という佐々木の具体的な要請に、各省とも期限の二八日昼までには候補者を伝えてきた。

組閣直前、内閣官房の幹部が甘利と会った。再生本部を仕切ることになる甘利の指示は、組織をきちんとつくってくれ、そしてこういう省庁からこういう人をそろえてくれという具体的な人名を挙げての指示だった。

諮問会議と再生本部の関係は「協力しながら成長戦略を練っていく」ということになったし、諮問会議が「基本設計」を担い、再生本部や競争力会議が「実施設計」を担当する、という表現で仕分けされることもよくあった。

二六日の組閣、二七日の各省官房長会議などを通じて、霞が関官僚たちは安倍政権の本気度、仕事の速さを感じた。もともと自民党とは親和性が高いだけに、真面目な官僚たちの中には日本経済を立て直せるかもしれないと内心の昂ぶりを感じた者も少なくなかった。

## つぶれた正月

年が明けた。一月二日。世間はまだ正月休みだが、霞が関の官僚にとっては、この日が仕事始めになった。年末年始休みゼロという猛者も何人かいたが、元日だけ休み二日から出勤というケースが多かった。

発足した安倍政権は一月に緊急経済対策を発表しようとしている。そのためには各省のプランを突き合わせねばならない。取りまとめ役を担った内閣府の職員も多くは一日や二日から出勤して準備に追われた。

問題は食事だった。普段は省内の食堂で簡単に済ませるか、少し時間があると近くのレストランなどに出かけることが多いのだが、正月はどこも休みだ。彼らは仕方なく新橋界隈にまで足を延ばし、コンビニで食料を調達してきた。

翌三日。正月の風物詩となった箱根駅伝の選手たちが復路の山下りを終えるころ、霞が関の内閣官房では午前九時から「発足式」が開かれた。再生本部の組織が立ち上がるのだ。

「人狩り」が行われてからまだ間もなかったが、あっという間に各省から幹部候補生たちが集まってきた。再生本部は各省にとって人を送り込みたい案件だった。

この発足式で官房副長官補の佐々木が「各省庁の違いを乗り越えていこう」と挨拶するのを

メンバーたちは神妙な面持ちで聞いていた。本来であれば経済対策の取りまとめは内閣府なのだが、閣議決定された再生本部の任務にも同じことが書き込まれている。内閣府と再生本部の事務局は一月一一日の経済対策発表に向けて作業を加速した。

自分の領域を荒らされることに対して極度のマイナス反応を示すのが霞が関だ。しかし、今回は各省庁が「タマ」と呼ばれる対策の候補政策を出す宛先は内閣府にして、どのタマを入れるか入れないかは再生本部の事務局、つまり内閣官房との協業となった。世間からみればこのような役所内部の棲み分けはどうでもいいようなことではあったが、官僚機構を回すとき、誰が、どのような根拠で、どこまでの責任を負って仕事をするのか明確にすることはきわめて重要だった。

すでに一二月中には内閣府から各省庁に「タマ」を出すよう発注されている。ある幹部官僚はこう話す。

「このときは内閣府も事務局も「一緒にやろう」というムードだった」

霞が関では珍しいことなのだが、作業は組織間の軋轢が目立つことなく進められた。

「これも自民党政権が戻ってきたからだろう。自分たちのことを敵視するような民主党政権とは僕たちの対応もまったく違った」

ある官僚の回顧である。

財務省は補正予算の編成も準備しなければならなかった。予算編成というのは簡単ではない。各省庁が要求を出し、財務省主計局がそれを査定し、全体を仕上げていく。もちろん、自民党の各部会も重要で、彼らの意向は予算の内容に直接響いてきた。

各省との折衝、省内での調整、自民党部会の幹部議員との協議など、主計官僚のスケジュールはあっという間に埋まっていった。しかも目標とされる日取りは一月一一日。こんな短い期間で予算がつくられたことはあまりない。

「とにかくものすごいスピードで予算が編成された」

財務省幹部はこう振り返るが、大変な作業であることは間違いなかった。

関係部署が本格稼働を始めた三日、ある官僚の表現を借りれば「怒濤のような正月」の最終日、内閣府で緊急経済対策の取りまとめをしていた政策統括官・石井裕晶《ひろあき》のところに、金融庁や財務省の高官が訪ねてきた。補正予算と同時に決まる経済対策での要望だった。金融庁の総括審議官だった森信親《のぶちか》がこう要請した。

「公的年金の問題をきちんと考えるべきではないか。リスク管理やガバナンスの問題がある。

リスクマネーの供給という観点からもＧＰＩＦについて成長戦略の中に位置づけることはできないのか」

ＧＰＩＦというのは、正式名称を年金積立金管理運用独立行政法人という。年金の積立金を運用して利益を出し年金財政に寄与するための〝貯金箱〟だ。巨額の資金をもっとうまく運用してほしい。金融庁の考え方は明快だった。新しい経済政策が始まった。そのことと整合的な資産の動かし方を考えねばならない。ＧＰＩＦは一二年一二月末時点で約一一二兆円もの資金を抱えている。それを超低金利の国債ばかりで運用をしていていいのか。

安倍政権になったからＧＰＩＦが浮上したわけではない。すでに政権交代前の自民党時代からこの問題は様々な形で議論されてきたし、〇八年には経済財政諮問会議で報告書もまとめられている。また、民主党時代の「日本再生戦略」が閣議決定された一二年七月にも、「公的・準公的資金の見直し」がうたわれている。金融庁の関係者は「民主党も国債をべたっと持っていることに対しての問題意識はあったようだ」とみていた。

金融庁はＧＰＩＦの所管ではない。それは厚生労働省だ。しかし、金融庁の森たちは、この巨大なファンドの効率の悪さは金融問題としてとらえることもできるという認識だった。彼らは「第二次安倍政権という新しい枠組みになったので、そこにはこの問題もフィットするだろう」と考えた。金融庁の守備範囲は広い。運用による資金の流れ、市場の育成というテーマは、「我が国の金融の機能の安定を確保し、(中略)金融の円滑を図ることを任務とする」という金融庁設置法の理念にも合致する。しかもアベノミクスのテーマとしてもふさわしいものになるだろうと彼らは思っていた。

資金を効率的に運用し経済を活性化させていくという観点からも対策に盛り込むことが重要だ——。内閣府もこう判断して森たちの問題提起を積極的に受け止めた。

再生本部事務局の飯塚、田和、赤石という三人の次長の中で、経産省出身の赤石がこの問題の担当になり検討していくことになった。このあとしばらく続くGPIF問題の幕開けだった。

## 諮問会議の人選

内閣官房参与として安倍にアドバイスできる立場にいた元財務次官の丹呉は、小泉政権時代に秘書官として経済財政諮問会議をみていた。そのころは、トヨタ自動車の奥田碩《ひろし》、東大の吉川洋《ひろし》、ウシオ電機の牛尾治朗《じろう》ら、論客といわれる議員たちが積極的に発言し、発信力という意味ではなかなか迫力があった。

諮問会議の復活は固まっていた。この回路を利用するだけで、官邸の力が増す。民主党時代には一度も開かれなかったが、こんな便利なツールを放っておく手はなかった。

内閣参与に入る飯島も安倍に、「派閥を遠ざけながらやっているのだから、政策立案については何か舞台装置を官邸につくるべきだ。その点、諮問会議をつくれば官邸主導で行かざるを得なくなる。たいへんコントロールしやすくなる」とアドバイスした。

小泉の秘書官として諮問会議が始まったときからずっと観察してきた飯島の助言には重みもあった。

また丹呉はこう指摘した。

「諮問会議は法律に基づいた組織です。再生本部や競争力会議は選挙公約です。うまく役割分担をしていくことが肝要です。もう一つはメンバーの人選です」

たしかに諮問会議の人選は難しい側面があった。アベノミクスに批判的だった経団連会長の米倉をどうするか。そして敵の多い竹中平蔵をどう処遇するか。

「米倉のアベノミクス批判は度を越している」

これが安倍周辺の一致した意見だ。しかも前年の怒鳴り合いは記憶に新しい。米倉をメンバーから外すことは関係者にとっては暗黙の了解事項だった。

「財界の代表」といえば普通は経団連の会長だし、前任の御手洗冨士夫もメンバーだった。

米倉を外せば「時の権力者を批判する者は入れないのか」という声が起こるのは目に見えていた。そこで考え出されたのが「若い経営者を」という方針だった。経団連関係者はこう話す。

「経緯のある話だ。諮問会議に米倉さんを入れないというのは、われわれも予想していたことだった」

しかし、経団連としても経済政策の司令塔になる経済財政諮問会議の情報がまったく入らないというのでは困る。そこで民間議員としてメンバーに選出された東芝社長の佐々木則夫が経団連の副会長を務めていることに目をつけ、「スタッフ」と称して事務局の若手職員をつけることにした。これで何がどういうふうに議論されるのか、されたのかの情報収集は何とかなる。

もう一つは竹中をめぐる問題だった。何かを語らせたら「立て板に水」の竹中にはシンパも大勢いた。安倍もその一人だったようだ。しかし、副総理兼務の財務相で入閣した麻生や、内閣官房参与として安倍の間近にいるようになった飯島は、竹中の諮問会議入りに強く反対した。

「諮問会議がスタートする前に竹中さんが入ろうとする動きがみられた。麻生さんなんかも含めて大反対だった。彼は自分の利益のために動く。総理を説得して外させた」

飯島は自分の著書(『政治の急所』文春新書、二〇一四年)で、こう竹中批判を展開している。結局、竹中は産業競争力会議に回ることで決着したが、これらの人選は甘利を通じて運営主体である内閣府や再生本部事務局に伝えられた。

もう一つ官邸が留意したことがある。それは諮問会議、競争力会議、規制改革会議、総合科学技術会議などがバラバラに動いては方向感が出ないので、これらを統合的に動かす仕組みづくりだ。内閣官房参与として官邸入りした元財務次官の丹呉がヘッドになり、一、二週間に一度くらいのペースで各会議の裏方たちが官邸に集められた。報告書や答申のスケジュール、主な論点と議論の状況などが情報として共有された。このような集まりはこれまであまりなかったため、関係する官僚たちは官邸主導の徹底に感じ入った。

会議はただ開けばいいというものではない。動かし方がある。主宰した丹呉は小泉政権での官邸暮らしも長い。政権として、いつ、どのように政策を打ち出していけば効果的なのか、社会や経済に対してインパクトが大きいのは、あるいは大きく見せるにはどのような順番で結論を出していけばいいのか、などを熟知しているように見えた。丹呉の差配は、民主党時代にはあまりなかった「官僚の知恵を政治が借りる」というシーンの一つだった。

これらの会議を通じて経済政策や成長戦略が描かれていくことになるのだが、官僚たちの認識はこういうことだった。

「デフレギャップがある。アベノミクスはそれを日銀の金融緩和と財政出動で埋めようという発想だ。しかし、それでデフレギャップを縮めてもこのままでは供給制約に突き当たる。それを打破するための措置が成長戦略だ。これはみんなの共通認識だったと思う」

要するに金融と財政で需要を拡大させる場合、供給力の拡大を図らないと経済の持続的成長にはつながらない。そのための政策が第三の矢というわけだった。

# 第6章　デフレ脱却は誰の責任か

アベノミクスの第一の柱に掲げられた金融政策は、本来、日銀が取り仕切っている。中央銀行に対して圧力をかけることはこれまでもみられた現象だが、政府の政策の「一丁目一番地」として位置づけた政権はない。独立した存在という建前の日銀と政治の世界をつなぐには特別な回路が必要だった。その役割を担ったのが財務省だ。彼らの行為には、中央銀行を統治機構の一員としてつなぎとめるための仲介役という意味もあった。

## 奴隷契約

内閣官房参与となって官邸入りした本田が、安倍から日銀との間で文書をまとめていると初めて聞かされたのは一月早々のことだった。このとき本田はこう意見を言った。

――とにかく日銀の責任を明確にするべきだ。白川さんは社会や経済の構造が変わらないと物価は上がらないなどと言っているが、誰が何に責任を負っているのかをはっきりさせておかないとダメだ。責任の所在という問題であり、そこを明確にした文書にしないと政策は変わらない――。

財務省にはこの本田の発言が「政府の役割を書く必要はない」という趣旨で伝わってきた。財務省内では限られたメンバーで作業が進んでいたが、「日銀だけにああしろ、こうしろと言うのなら奴隷契約に近いな」とささやかれた。

財務省と日銀の折衝も加速していた。二〇一二年の暮れ、白川率いる日銀は作戦を立てた。二%はのむ。しかし、二年などの期限は絶対に認めない。

周りからみていると、白川は「二%は絶対だめだ」などという雰囲気ではなかった。民主党政権下の一〇月にまとめた「当面、消費者物価の前年比上昇率一%を目指して」という表現の延長線と感じているような印象を受けた幹部もいる。

ただ、「誤解のないようにやっていこう」などと言っていた白川から、日銀法のこんな文章が部下たちに示された。

「通貨及び金融の調節を行うに当たっては、物価の安定を図ることを通じて国民経済の健全な発展に資することをもって、その理念とする」

「資金決済の円滑の確保を図り、もって信用秩序の維持に資することを目的とする」

要するに中央銀行の責務は、「物価の安定を通じた国民経済の健全な発展」「信用秩序の維持」ということなのだ。どうせ文章を作るならそれを書こうじゃないか、と。

「アコード」など一つ一つの単語をめぐる議論を経て、財務省と日銀が次に話し合ったのは、文書の核としてどのような要素を書き込むのかという点だった。「日銀の取り組み」「政府の取り組み」「検証」などのパーツが文章には必要だろうという認識で一致するまで時間はかからなかった。問題は中身だ。内部では二％を認めるところまでおりることにした日銀だが、財務省との間でこんな文案が議論の対象となった。

「日本銀行は、今後、日本経済の競争力と成長力の強化に向けた政府の取り組みが結実していくにしたがって、中長期的に持続可能な物価の安定と整合的な物価上昇率が高まっていくとの認識に立ち、物価安定の目標を消費者物価の前年比上昇率で二％とする」

それに続けて、二つの案が用意された。

「その下で、日本銀行は当面一％の消費者物価上昇率の早期実現を目指し、さらには物価上昇率が高まっていることを確認しつつ、二％の消費者物価上昇率に向け適切に金融緩和を維持」

もう一つの案は、「日本銀行は、上記の物価安定の目標を実現するため、適切に金融緩和を推進」という書き方だった。

最初の案は「当面一％、次に二％」という考え方で、一〇月の民主党時代にまとめた文書によく似ている。

財務省としても官邸の承認は難しいと考えていたが、二％を認めた日銀も粘りを見せた。

交渉の内容については、おおまかに官邸にも上げられたが、この「一％↓二％」案には安倍が強い反発を示し、「一％という数字は書かせないと言っている」という情報が日銀にも入ってきた。「当面一％、次に二％」案はあえなく消えていった。

## 日銀の粘り

「日銀の取り組み」にはこんな表現もあった。

「日本銀行は、物価の安定を図ることを通じて国民経済の健全な発展に資することを理念として金融政策を運営するとともに、金融システムの安定確保を図る責務を負っている」

「日本銀行は、金融政策の効果波及には相応の時間を要することを踏まえ、金融面での不均衡の蓄積を含めたリスク要因を点検し、経済の持続的な成長を確保する観点から、問題が生じていないかどうかを確認していく」

日銀法の理念を引用しながらの表現に、総裁の近くにいながら協議には加わらなかった日銀関係者の一人はこう思った。

「金融システムの健全性を重視する白川さんの思いが反映されているな」

たしかにこのような表現を挿入するよう、山口以下関係幹部は財務省に要請したし、このような表現を書いたペーパーを財務省に渡した。財務省も日銀の、というよりも白川の思いに配慮して、この表現は最終的な声明に残ることになった。

白川以下日銀側が最も強い拒否反応を示したのは「二年」などの期限を明記することだった。二％を二年で達成する？　そんなことは可能なのか。もし達成できないときは日銀に責任を押し付けようというのか――。

「二年という数字を入れるのであれば、結ばない」

こういう強い決意が白川から周囲に示された。日銀総裁にとって、二年という期限付きの目標は中央銀行の職責を大いに逸脱するだけでなく、論理的にも納得しがたいことだった。自動的に二年で二％が達成できるなどというのは珍妙な論理でしかない。協議に参加した日銀の高官たちは白川の反発を交渉材料に利用しようとした。「要するに二％を高く売ろうということだった」と振り返る幹部もいる。

二％を認める代わりに、成長戦略などと安倍が言っている政策を前提条件のようにくっつけられれば何とか受け入れてもいい――。財務省が認めるかどうかは別にして、交渉にあたる面々は「落としどころ」を考えたかった。

これらの部内討議の結果を携えて、日銀は財務省と協議を重ねた。

「二年というのは無理だ。その代わり二％は諦める」

今度は財務省にボールが投げられた。

日銀からの要望、首相官邸の意向、リフレ派の動向――。これらを考慮に入れながら、財務省は最終合意に向けた文案づくりを急いだが、二％のインフレターゲットを日銀が認めたことは「極秘」扱いにされた。これから内閣府とも話し合いをしなければならない。日銀との原則合意はいったん金庫の奥深くにしまわれた。

## 「主語をはっきり」

内閣府との本格的な話し合いが開始されたのは年末から年始にかけてだった。この役所は財務省と並んで日銀を共管する。ただ、三者が一堂に会することはあまりなく、日銀―財務省、財務省―内閣府という電話での話し合いが中心となった。

内閣府には旧経済企画庁の流れをくむエコノミストもいて、理論的にはうるさいはずだった。だが、財務省は内閣府との交渉をそう重視していなかった。実力派で安倍側近の甘利がその担当になっているということで「付き合い方」には注意を要するということだった。関係者も「普通は内閣府に合議《あいぎ》など求めないだろう。甘利さんという有力者が大臣だったので、水面下の極秘折衝のメンバーになった」と振り返る。

内閣府を率いる事務次官の松元は財務官僚出身だったが、周囲は「彼の理論はリフレ派に近い」とみていた。高橋是清の研究で知られていたからだ。高橋は昭和恐慌から抜け出すために、日銀に国債を直接引き受けさせたことで有名。松元は自著（『恐慌に立ち向かった男　高橋是清』中公文庫、二〇一二年）の中で高橋を「健全財政主義者」と位置づけているが、多くの人々は「リフレの権化のような高橋を研究しているのだから、本人もリフレ派だろう」と思っていた。

そんな内閣府に財務省からいくつも投げられてきた共同声明案には、「幅広い主体の取り組み」という文言が入っていた。すなわち、「日本銀行は、今後、日本経済の競争力と成長力の強化に向けた幅広い主体の取り組みの進展に伴い中期的に持続可能な物価の安定と整合的な物価上昇率が高まっていくと認識している」。

あるバージョンでは「幅広い主体の取り組み」が「政府の取り組み」になっていた。面々はこの部分に着目した。

「デフレは、政府の取り組みが問題なのか、日銀の責任なのかということが経緯としても最大の問題。この表現ではその責任問題があやふやになってしまう」

「政府が何かやることを所与の前提にする限り、インフレ目標を定めても達成できなければ、それは政府のせいだとなってしまう」

「この表現では市場が暴落しますよ」という強い意見も出された。

甘利や松元を含めた内閣府の反応は、当然、厳しいものだった。

また、経済財政諮問会議を検証の場とすることは、この会議を担当する内閣府としては当然としても、具体的にどうするのかということも問題になった。

「目標を達成できない場合は、その理由、達成の時期、その道筋などを、書面で明らかにするべきである」

「書面で」というのは穏当ではない。当然、日銀ものむはずがない。

ただ、内閣府も「二年」を明記することには躊躇した。部内の議論で「そこまで言い切って大丈夫か」という声も出た。一方で、目標年限を定めなければ意味がないようにも思えた。

財務省には首相官邸からも要望が入った。内閣官房参与の本田は安倍に対して「政策を実施する主語をはっきりさせてほしい」と言っていた。

リフレ派の多くは、日銀は逃げる、と思っていた。物価が上がらないのは自分たちの責任ではない、と言って。

まさにこの点は、デフレはなぜ生じているのかという理論的な問題をどうみるかに帰着した。デフレはマネーの現象なのだから、お金を大量に発行すれば解決するというリフレ派と、デフレは経済構造を含めた総合的な問題の結果なのであり、金融政策だけでは解決しないという日銀との意見の差は埋め難かった。

## 日銀は外国か？

仮に文書を作るのであれば、その点ははっきりさせなければならない。本田が主張した「主語」という意味は、デフレを解決するのは日銀しかないというリフレ派の主張を反映したものだった。

この文書をなんと呼ぶのかでも一致点は簡単には見いだせなかった。本田は「アコード」を主張した。これは政府と中央銀行の合意を呼びならわすものとして関係者の間では有名なものだった。「政府と日銀は以下の通り合意した」というような文書を本田はイメージしていたし、その旨を安倍に伝えた。

しかし、アコードというのは日銀がのめない。財務省が考え出したのは、「共同声明(Joint Statement)」という表現だった。「協定」とか「アコード」では双方に責務を負わせ、相互に牽制・束縛し合うという印象が強くなってしまう。「嫌がる日銀を無理やり従わせた」というイメージも濃くなる。中央銀行との「共同声明」はカナダやオーストラリアにも例があり、海外からもなじみやすい。財務省はそう考えた。

官邸には「日銀と政府がそれぞれ主体的に責任をもって従来の次元を超えた政策をとることを宣言し、それによりシナジー効果(相乗効果)を発揮するという前向きな印象を出すことができる」と説明されたが、「共同声明」といえば、普通、国家間の合意や国際会議の場のコミュニケなどに使われることも多い。

「日銀は外国なのか」

この表現を聞いたある高官は苦笑いせざるを得なかった。

ただ、財務省にとっては消しておきたい懸念があった。日銀を無理やり引きずり出して緩和の拡大に合意させると、「財政ファイナンスだ」との批判を呼ぶ可能性があった。

中央銀行が金融操作を行う場合、市場で国債とお金を交換することになる。緩和するという意味は、市場に大量のお金を放出するということであり、それと交換で同額の国債が日銀の資産となる。つまり国債を大量に発行しても日銀が市場でどんどん買ってくれれば、財政出動の裏付けとなる資金が容易に確保できる。これが「財政ファイナンス」の意味するところだ。

しかし、こんなことを金利が上昇しないままで、いつまでも続けられるのか。日銀を一方的に攻めるのはいいが、官邸の言っていることをそのまま文書化すれば、市場で不測の事態を招くおそれもある。財務省はそういうことも頭に入れなければならなかった。

もう一つは、自民党と連立を組んだ公明党の動きだ。この党が「アコード」という表現に消極的であり、日銀法改正は必要ないと思っていることは情報として財務省に入ってきた。

この連立のパートナーはたしかに、日銀には大胆な金融緩和を求めてはいたが、あまりに過激なやり方には反対だった。

公明党では震災復興総合経済対策本部事務局長を務めていた参議院議員の西田実仁《まこと》が中心になって、前年二月に「欧米諸国と同程度の物価安定に対する長期的な目標を設定するべきである」などとする提言をまとめていた。西田は振り返ってこう話す。

「たしかに日銀のやり方だと足りないなという感じはあった。特に円高対応。支持者の中小企業経営者などから、とにかく何とかしてくれと泣きつかれていた。これはおそらくどの政治家もそうだろうと思うが」

「党内の議論でも為替ということを考えれば、金融政策の強化だろうという話になった。同時に日銀の独立性は守っていかねばならないという立場だった。日銀法改正にまで踏み込むのはやり過ぎだというのが党内のコンセンサスだった」

ただ、それでも官邸はなかなかおりなかった。一月に入ると「安倍が周辺にこう話した」という情報が財務省や内閣府に伝わってきた。

「日銀は成長戦略が必要と言っているが、政府が変な責任を負わないように工夫してほしい。政府の対応が物価目標二%を達成できない場合の口実になってしまわないよう、日銀に二%達成について全面的に責任を負わせるとともに、目標達成時期を明示させて、逃げられないようにさせてほしい」

日銀にとって、そして何とか妥協をと模索している財務省にとっても厳しい要求だった。文書は次第にまとまりつつある。これらの要求を押し戻すことはできないか。

しかし、相手は支持率の高い現職の首相だ。財務省は、そして日銀は、コーナーに追い詰められた。

一月七日午後三時半、経済再生担当相となった甘利や松元内閣府事務次官、松山健士《けんじ》内閣府審議官らが官邸執務室で安倍に面会した。各種団体の新年互例会などに顔を出す安倍にとってこの日のスケジュールは殺人的で、内閣府の面々との会議もきわめて短いものだった。

甘利以下の官僚や秘書官に囲まれた首相に、一月九日に開かれる経済財政諮問会議、一一日の緊急経済対策の概要が説明された。会の段取り、決定の中身などだ。

経済財政諮問会議では「骨太の方針」を決めることになっていた。これは小泉内閣のころに、「構造改革」の象徴として毎年決めていた経済や社会保障の基本方針の呼び名だ。

説明を聞いた安倍が、「気分が変わることが大事だ」「メッセージが重要になる」などと話し、「骨太復活か」とつぶやいてしばらく沈黙したのを出席者の一人は記憶している。

「骨太の方針」は小泉内閣の言葉だ。諮問会議のメンバーから外された竹中のイメージもつきまとう。政治は時として言葉によって左右される。首相として「骨太」という表現を使う損得を瞬時に計算したのではないか、と出席者の一人は思った。

最終的に了承されたが、経済政策ひとつとっても、政治家にとっては自らの政権を維持するためのイメージ戦略に与える影響を最重点に考えているのだろうと思わせる一幕だった。

そんなときに、内閣官房参与の丹呉から財務省に連絡が入った。

「相続税に教育を絡めて、うまい仕組みができないか」

当然、背後には安倍との会話があると財務官僚は想像したし、実際そうだった。

溜まっているお金をどうやって回していくかは、アベノミクスの成否にも関係する。一つの方策として、高齢者の蓄財に目をつけた。これを孫の教育資金に充てるという形で生前贈与させて税制優遇すればお金が回り出すかもしれない、というわけだ。教育に関係させるのは、総理の関心が高いからだ。

安倍と丹呉の会話は一種雑談ふうではあったが、安倍が「それはぜひ検討してください」と言ったことで、一挙に政策としての実現性を帯びた。結局この件は、教育資金贈与の非課税制度として一月一一日の緊急経済対策に盛り込まれる。

安倍の周辺に配置されたアドバイザーは政策的な助言をする。安倍のＯＫが得られればそれは「具体化せよ」という意味で霞が関の各省庁におりてくる。

国民の支持も高く、選挙に圧勝したばかりの安倍の意向は、よほどのことがない限り、政策として検討・立案されていった。

**米国の懸念**

このころ、懸念を表明している国があった。米国だ。

もちろん非公式にではあったが、進む円安に対して、米財務省はいらだっているようにも見えた。

国際金融の世界で、意図的に自国通貨を安くすれば輸出に有利。自国経済の底上げを図りたいときは、通貨安が大きな武器になった。しかし、一国の通貨を安くするということは、相手国の通貨が高くなることを意味する。

これまで、一九七一年のいわゆるニクソンショックに伴う円の切り上げ、八五年のプラザ合意での円押し上げなど、日本は円高での苦い経験を重ねている。そのたびに産業界から悲鳴が上がり、為替政策が批判された。民主党政権下でも円高は進み、当然経済界からは円安への転換を求める声が強まる。自動車業界などからは「為替について行動してくれる人が日本にいないのは悲しい」などと悲鳴が聞かれた。

財務省の公表資料によると、二〇一一年三月一八日に東日本大震災直後の投機的な円高に対し七〇〇〇億円の円売りドル買い介入が実施されたのに続き、八月四日に四兆五〇〇〇億円の介入が行われた。さらに同省は、円が一ドル＝七五円三二銭という戦後最高値を付けた直後の一一年一〇月三一日から一一月四日、九兆九〇〇〇億円に上る大規模な円売りドル買い介入を実施した。それ以上の上昇は止まったが、その後も八〇円前後の円高が続いた。

しかし、自民党の安倍総裁がリフレ政策を前面に打ち出し、選挙に勝って政権に返り咲くと、円は一気に反落。二〇一二年一二月末には八六円台に下落し「二年五か月ぶりの安値」などと新聞に書かれた。しかし、これは米国にしてみるとドルが高くなることを意味する。警戒を強めたのは当然だった。

一二月二八日には財務相の麻生と米財務長官のガイトナーの間で電話会談が開かれた。就任挨拶のような形をとった会談は「日米の連携が大事だ」などとして終わったが、この中でも麻生は為替の切下げ競争をするつもりはないと明確に伝えた。誤解をなくすことを目指すものだった。

年が明けた一月八日、日本政府は経済危機に陥っていた欧州を救うため、ユーロ圏の金融安全網「欧州安定機構（ESM）」が資金調達のために発行する債券（ESM債）を購入すると発表した。ESMは欧州でギリシャなどが債務危機に陥ったことから設立された欧州金融安定化基金の後継組織。この日の財務省の発表は、資金調達するESMに協力し債務危機に悩む欧州を支援することを表明したものだった。しかし、このとき再び懸念が米国から寄せられた。

「円をユーロに替えるということで、事実上の円売りをするのではないか」という内容で、財務省の国際金融担当部局に伝えられた。

財務省の財務官というポストは次官級。国際金融で財務省を代表する。過去には榊原英資《えいすけ》や黒田東彦《はるひこ》ら様々な個性の官僚が就任していたが、一一年八月はじめ以来、中尾武彦がその任にあった。

日本側は、米国からの懸念にはこう答えていた。

――この措置は欧州をサポートすることにあるのであって、円安を狙っているわけではない。しかもこの資金は外貨準備のユーロを使っているので、円をユーロに替えてはいない。今後のESM債購入に外貨準備のユーロ資金が足りなくなった場合には、円をユーロに転換することになるかもしれない。ただ、そういう場合には事前に話をする――。

外貨準備というのは、為替市場への介入により通貨当局にたまったドルなど外国通貨のことを指す。日本では財務省が為替介入を所管しており（日本銀行が市場での代理人）、外国為替資金特別会計（外為特会）が債券を発行して円資金を調達し、円を売ってドルなどを買う為替介入を行う。その結果として外為特会に計上されるドルなどの外国通貨が外貨準備ということになる。

米側に対し強調されたのは、この外為特会で保有する通貨ユーロでESM債を買うのだから、円からの交換を行うわけではないということだった。仮に市場でユーロを調達することになれば、それは円を売ってユーロを買うことになり、為替市場への介入と同様、円安要因になる。

しかし、自分のところで保有する手持ちのユーロを使ってESM債を買うのだから、円安要因にはならない。中尾以下、財務省の国際金融チームは、こう説明した。

――円がドルやユーロに替えられる場合、それは介入に等しいものだと受け取られるということは認識している。もしそういうことをする場合、つまり円を売ってドルを買ったりユーロを買ったりする場合は今までと同様、事前に相談する――。

## ちゃぶ台返し

ESM債購入の発表を行ったのと同じ日、つまり一月八日の午前九時半過ぎ、財務大臣の麻生は事務次官の真砂靖《まなごやすし》を伴い、日銀との話し合いの状況を報告するため官邸に向かった。

麻生の訪問は「日銀と取り交わす文書の内容の方向性についてのご相談」と位置づけられた。

麻生と安倍の会談は行きつ戻りつしながら、物価目標設定の重要性、政府の措置を書き込む意味、経済財政諮問会議を使った検証方法、文書の名称などについて話を固めていった。説明の中で麻生は、二%の物価目標の設定が最も大事な要素であり、これを日銀にしっかりと約束させることが一番重要であること、政府の役割を書いても日銀の言い訳にはさせないこと、目標年次は必要ないこと、アコードは誤解を生むことなどを力説したという。

会談の最後に安倍は「ではそのラインで具体化してください」と指示した――。財務省と日銀の関係者にはそう伝わってきた。彼らはほっとした。

財務省は、日銀を巻き込みながら官邸と話をつけてしまえば、内閣府の強硬意見は抑えられるとみていた。問題は大臣の甘利だけだが、ここは政治の世界で何とかしてくれるだろう。あとは一月二二日の共同声明の案文を詰めるだけだ。

しかし、財務省と日銀の安堵は一日ももたなかった。

翌日の朝、つまり一月九日の朝、財務省と日銀は官邸からの巻き返しにあったのだ。

この日の「日本経済新聞」朝刊は「物価目標二％中期で」という大きな見出しでこう報じた。

「政府と日銀は二％の物価上昇率目標を盛り込んだ政策連携に向け、本格調整に入った。二％の達成時期は明示せず、中長期の目標として柔軟性をもたせる」

ニュースソースは明記されていないが、安倍が怒るであろうことは容易に想像できた。

実際、財務省には安倍のこんな指示が飛んできた。

――日経の記事のような「中長期」では遅い。達成年限を決められれば一番よいが、少なくとも「短期」だ――。

また「二％は日銀の措置だけで達成されるべきで政府の取り組みは関係ない。アコードの履歴はわかったが「共同声明」では印象が弱い。昨日は麻生さんにあの線でまとめてほしいと指示したが、一晩考えて一五日の有識者会議での議論を聞いたうえで最終的に決めたい」という考えも伝わってきた。一種のちゃぶ台返しだ。

「一五日の有識者会議」というのは、金融政策をどうすればいいのか学者などから意見聴取するという名目で一月一五日に設定された「金融有識者会議」のことだ。

しかし、参加する顔ぶれをみれば、リフレ派を中心とした意見開陳の場になることは明白だ。安倍はそこに出て彼らの話を聞く。そんなことになれば、リフレ派の主張に引っ張られて、まとまるものもまとまらなくなってしまう。

官邸が差し戻してきた――。

この情報は日銀にも伝わったが、ある幹部は財務省から聞いた話を思い出した。

前年の秋、ちょうど安倍が自民党総裁に返り咲いたころ、面会した財務省高官がリフレ政策の危険性を説いた。このとき、安倍はこの官僚に「もう心に決めてあるから」とぴしゃり。これ以上その話はするなという通告に近かった。安倍は学者ではない。周辺にいる取り巻きたちに影響されているな、と財務省は察知した。

財務省・日銀は危機感をもった。急遽、麻生と安倍の再会談が模索された。しかし、殺人的なスケジュールの首相日程に割り込むのはなかなか難しい。最終的には、夕方開かれる経済財政諮問会議終了後の午後七時過ぎから三〇分が確保された。

再会談では両者の間でこんな会話が交わされた。

安倍「物価目標設定を骨抜きにしようという動きが目に余る」「達成時期が中長期では遅すぎる」「政府と日銀が対等というのはだめだ」「やはりアコードの方がいい」「このままでは市場が失望する」

麻生「今は二％の物価目標を日銀に約束させることに集中するべきだ」「いろいろと注文をつけられても交渉するのは私だ」

安倍と麻生の再会談は、週明けまでにもう一度文章表現を検討し直すことで終了した。この日は水曜日。金融有識者会議が開かれる一五日は翌週の火曜日。まだ時間はある。

安倍の指示もあり、それまでの草案に手が加えられた。

一つは「物価は短期的には様々な要因から影響を受けることを踏まえ、中長期的に持続可能な物価の安定を目指している」という文書から「中長期的に」が削られた。

また「日本銀行は、上記の物価目標の下、金融緩和を推進し、これをできるだけ早期に実現することを目指す」という文書が加わった。日銀も「時間を区切っていない」として了承した。

年限の明記は日銀の抵抗を考えれば不可能に近い。仮に二年などと区切ることを強制すれば、白川は辞任するかもしれない――。麻生以下、財務省の高官たちはそうみていた。

国家統治を無用に混乱させてはだめだ。この際中身よりも日銀がのめる合意が必要だ。一月一五日までには何とかこれで首相を説得しよう。財務省はそう考えた。

## G7Dで電話会議

一月一一日にG7の財務相代理による電話会議が開かれた。

先進七か国の蔵相・中央銀行総裁で組織されるのがG7。一九八〇年代のプラザ合意以降、マクロ経済についての認識の共有、為替問題、途上国の債務再編、国際通貨基金(IMF)主導の危機対応、世界銀行やアジア開発銀行の増資など、世界経済のデザインはここで描かれてきた。

G7の正式の会議は大臣や総裁がメンバーだ。しかし、彼らが問題を一から討議するわけではなく、事務方が議論し煮詰めてきたものが大臣レベルに上がってくる。各国の国益に直結する為替問題も含め、事務レベルで結論の出ないテーマ、あるいは大臣レベルで議論すべき重要なテーマについては政治家たる閣僚たちや総裁たちの出番になる。

このため、事務レベルでの協議はＧ７の方向性を打ち出す重要なものになることが多い。次席（Deputy）の頭文字をとり「Ｇ７Ｄ」と呼ばれるこの会合は、日本の財務官や米国の財務次官ら事務方トップたち――一昔前は「通貨マフィア」と呼ばれた面々――による話し合いで、Ｇ７に出席する大臣や総裁が何をどういう方向で議論するのかを決定づけることが多かった。

ワシントンでのＩＭＦ・世銀の会合時など物理的に集まることもあるが、最近は電話での会議がむしろ多い。それぞれの参加者が米国の財務省に電話をかけ、自動的に電話会議システムにつなげられる。参加者たちは最初に名前を名乗って会議に加わったことを告げ、会議中も“This is Tom”というように、ファーストネームを言ってから発言することになっている。しかし、議論が進むにつれ、いちいち名乗らなくなりがちで、声やアクセントで発言者を聞き分けなければならない。

以前は各国の財務省関係者だけが参加することが多かったが、国際金融危機への対応として金融政策の重要性が増すにつれ、中央銀行もこの議論に加わるようになった。一月一一日の電話会議には、日銀から国際担当理事の中曽宏《なかそひろし》が財務官の中尾とともに参加した。

日銀の当局者たちの認識も財務省と同じで、「米国は介入を嫌っている」とみていたし、面と向かって「介入だけは勘弁してほしい」と言われたこともあった。米国が介入と言う場合は、実際にドルを売ったり買ったりする介入だけではなく、いわゆる「口先介入」も含まれている。日銀は米国の反発の向こうに中国の影を感じた。

このころ、中国の人民元安をめぐって、「日本に介入を認めれば、後ろに控える中国の介入を批判できなくなってしまうと米国は考えている」と日銀はみていた。

一月一一日の電話会議で為替が話題になったとき、日本側はこう説明した。

――介入は二〇一一年一一月以来行っていない。米国のファンダメンタルズ(経済の基礎的諸条件)がよくなっている一方、日本は東日本大震災以降の対外収支の悪化や長期的なデフレで苦しい状況にある。現在は円安が進行中だが、これは日米のファンダメンタルズを反映して過度な円高が修正されているということだ。安倍政権のデフレ脱却に向けた決意表明や金融緩和に対する強い発言がトリガー(引き金)になっているのかもしれないが、それは円安を目的にしたものではない。新政権は長引くデフレから抜け出すための金融緩和の重要性を強調しており、それが結果的に為替に影響を与えているかもしれないが、競争的な為替政策を意図しているわけではない――。

また、為替をめぐる議論について日本の政策当局者たちは、こう理解していた。

「二〇〇七年には一ドル＝一二五円程度だった。しかし、リーマンショック以降の米国による金融緩和も受けて、それが一一年には七五円。つまり五〇％の円高。こうした急激な円高の進行がある時点で修正されるのは自然だ」

これに対して、米側からは、「あくまでも為替の水準は市場の決定にゆだねられるべきだ」という従来の主張が繰り返された。

政治家たちの円安を肯定するような発言が相次いでいたためだ。ただでさえ「日本は円安誘導を意図的に行っているのではないか」という声があるところに、それをあおるような発言ととられるおそれがあった。

財務省幹部たちは自民党や政府高官を回って説明した。

財務大臣以外からの為替に関する発言、特に円安を歓迎するような発言は、相手国の無用な反応を引き起こすおそれがある。国内の物価や経済の安定を目標にした金融政策を行った結果としての通貨安は容認する、というのがＧ７の考え方だ。意図的にそうするようにとられては逆効果になってしまう――と。

# 第7章　アベノミクスの誕生

アベノミクスの第一の矢としての金融政策で妥協が成立する。日銀と官邸の間をとりもつ財務省は、政策の中身よりも国家としての体裁を整えることの重要性を意識していた。首相がどのような意向をもっていても、日銀との摩擦の中で、できることとできないことに仕分けされねばならないというわけだ。これはチェック・アンド・バランスの機能に乏しい現代日本の議院内閣制の下で、官僚機構が抑制の役目を果したことを意味する。

## 一丁目一番地

一月一一日に緊急経済対策がまとまった。安倍は記者会見に臨んだ。

「政策の一丁目一番地を経済の再生と位置づけています。額に汗して頑張って働けば必ず報われる真っ当な社会を取り戻していくためにも、長引くデフレと円高からの脱却が決定的に重要であります。残念ながら民主党政権においては、経済対策は分配ばかりを重視して、国全体としてどう稼いで、経済全体のパイをどう大きくしていくか、広げていくかということについては、十分ではありませんでした。発想が十分ではなかったと言っていいと思います」

「一丁目一番地」というのは最優先事項を意味する。日本の永田町や霞が関で通用する用語だ。安倍は言葉を継いだ。

「安倍政権ではまず政策の基本哲学を変えていきます。「縮小均衡の再分配」から「成長による富の創出」へと大胆に転換を図っていきます」

「強い経済を取り戻すためには、大胆な金融政策、そして機動的な財政政策、そして民間投資を喚起する成長戦略という三本の矢を同時展開していくべきだと考えています」

明確にアベノミクスの基本方針を示した。

この一一日の緊急経済対策には、「日本経済再生に向けた緊急経済対策」という表題がつけられた。取りまとめ役になった内閣府は、この中に金融政策を盛り込んだ。

「デフレからの早期脱却に向けて政府と日本銀行の連携を強化する仕組みを構築する。その際、明確な物価目標の下で、日本銀行が積極的な金融緩和政策を行っていくことを強く期待する」

発表前、内閣府はこの文案を財務省に回したが、取り立てて騒ぎが起こったわけではなかった。焦点は一月二一日と二二日の二日にわたる金融政策決定会合だ。ここでどんな文書が合意できるか。すべてはそこにかかっている。財務省は内閣府にこう告げた。

――一一日の文書に変なことを書いて、わざわざ市場の期待を高めることもなかろう――。

### 財務省と内閣府

最重要と位置づける第一の矢、つまり金融政策で彼らの折衝は最終局面に入っていた。

緊急経済対策が発表された一月一一日の午前中、甘利と麻生はひそかに都内のホテルで会談した。前日の一〇日に麻生から「二人で腹を割って話がしたい」との連絡が入り、急遽セットされた。

財務省側は二％の物価目標を勝ち取ることが最優先であること、日銀と折り合える現実的な政治判断が必要であることなどを説明した。そしてこれ以上の要求は過剰になると加えた。

内閣府の内部討議では「この文書が公表されたら市場が暴落します」などと官僚に言われた甘利だけに、ただちにイエスとは言えない。このため一月一四日に二人でもう一度会うことを決め、それまで事務当局で文章表現などを詰め直すことにした。

そして同時に二人は、一月一四日の会談直後に白川と会い、一五日に安倍に最終報告するというスケジュールも決めた。名目は、一六日から安倍が海外に出かけてしまうからということだったが、本当は一五日の金融有識者会議の前にすべてを固めておきたかったためだ。実際、一五日に甘利と麻生が安倍を訪ねたのは一〇時一八分からの三〇分で、昼から始まる有識者会議の直前だった。

一一日の麻生・甘利の会談をへて、財務省と内閣府の折衝が再開された。しかし、内閣府は文案に入っていた「金融緩和を推進し」との表現の前に「大胆な」という形容詞を挿入するとか、「早期に実現することを目指す」の「ことを目指す」を外す――などと主張した。

財務省は、「日銀から、従来の金融政策から変わったのだと対外発信することを確約してもらえれば「大胆な」にこだわる必要もないし、「実現することを目指す」で十分だ」と内閣府を説得したが、議論は平行線のままだった。

物価上昇の実現は日銀に責任があるのだと繰り返していた内閣府は、二%が達成できなかった場合は、その理由などについて、日銀が経済財政諮問会議に書面で報告することも求め続けた。しかし、そんなことを白川日銀がのむはずがない。財務省も内閣府の姿勢にいら立った。

時計はどんどん進み、一月一三日も夜が更けてきた。このまま協議がまとまらねば、翌日、つまり一四日の麻生・甘利・白川の会談も霧の中に入ってしまう。

強硬路線をとってきた内閣府にとっても、これまでの話し合いで獲得できた点はいくつかあった。たとえば、経済財政諮問会議を使った検証のメカニズムは確立できそうだ。会議の所管は内閣府。今後は金融政策でも何かと彼らの権限強化にはなるかもしれない。

文言は要求がはねのけられたものもあったが、すでに、「大胆な金融緩和」や「機動的な財政政策」という文言は、アベノミクスを表す象徴として花火のように打ち上げられている。一月九日の諮問会議で安倍はこう言っている。

「私はさきの衆院選を通じて、デフレ脱却のため日本銀行が二%の物価目標を設け、大胆な金融緩和を行うように訴えてきた。日本銀行におかれてはこのことも十分に踏まえて、金融政策をお願いしたいと思います」

ちなみに、この諮問会議の場には安倍、麻生、甘利、白川という登場人物が全員顔をそろえていた。もちろんのことではあるが、文面をめぐり厳しい折衝が続いていることなど、誰もおくびにも出さなかったが。

ただ、安倍が「二%を設けて大胆な政策をやれ」と日銀に要請する直前、報道陣の入室が認められカメラマンや記者たちがどっと部屋になだれ込んできた。

「こういうことだったのか」

白川を眼前に言い放つ安倍の映像を撮らせたかったのだなと日銀幹部は理解した。

## 正副総裁同時辞任？

ほとんどの関係者は白川総裁の任期が間もなく、正確にいえば二〇一三年四月に終了するということもよくわかっていた。

「日銀に新しいリーダーが来てからがんばればいいじゃないか」

内閣府のある幹部はそうも考えていた。

財務省が危機管理モードになって、内閣府がおりない場合の次善の策を考え始めた一月一三日の夜、甘利たちは主張を取り下げた。

「これ以上日銀を追い詰めては元も子もなくなる」

甘利の政治判断だった。日銀や財務省がひそかに「リフレ・タリバン」と呼んでいた強硬派の面々も、ボスの決断には従わざるを得なかった。

内閣府がおりたのには、官僚たちが考えていた「獲得物」とは違う理由があった。甘利は麻生にこう言われていた。

「あまり厳しくやると白川総裁は辞任するぞ」

たしかに政権発足から一か月もたたないうちに中央銀行総裁が辞任となれば、その政治的影響はきわめて大きい。アベノミクスは出だしから大きな打撃を受ける。世論も「安倍政権が強権的に白川総裁を追い出した」と受け取るだろう。ここは政治的な判断が必要な局面だった。

白川の真面目な性格を考えれば、麻生のセリフはあながち脅しともとれなかった。これまで日銀法再改正の議論が出るたびに、旧法にあった「総裁解任権」の復活が人々の口に上った。しかし、現代の中央銀行システムの下で、総裁のクビが簡単に切れるなどとは誰も思っていなかった。万一白川が辞表を提出すれば、それを「抗議の辞任」と受け取る向きもあるが、下手をすると「事実上の解任」とみられかねない。

日銀の理事を務め、退職後は古巣の研究を続けた故吉野俊彦氏の名著によると、長い日銀の歴史の中で、政府から解任されたのは明治二一年二月から二二年の九月まで在任した第二代総裁の富田鉄之助だけだったという。

後にも先にも日本銀行総裁が大蔵大臣と所見を異にしたため、罷免されたということは、富田総裁をおいて他に例をみない。（『歴代日本銀行総裁論』講談社学術文庫、二〇一四年）

白川が、辞任であれ事実上の解任であれ、政府と対立した結果辞めたとなれば、誕生したての安倍政権は一気に追い込まれるだろう。

しかし、このときの日銀の実態は、外部からの想像よりもはるかに深刻だった。総裁の白川と副総裁の山口、西村の三人は事態にどう対処するか、よく話し合った。三人まとまってのこともあれば、二人ずつということもある。彼らが何を話しているのか、周辺には断片的にしか伝わってこないのだが、一月初旬に「正副総裁三人が政府に抗議して同時に辞任するかもしれない」といううわさが漏れ伝わってきたとき、ある幹部は絶句した。そこまで追い詰められているのか、と。

三人の任期切れは白川が一三年四月、山口と西村が同年三月と、数か月後に迫っている。放っておいても辞めることになる。

しかし、あとわずかとはいえ任期を残しての辞任、しかも三人そろっての辞任となれば、日銀と政府の間で取り返しのつかない溝を生むことになるし、何よりも市場が大混乱に陥ることは目に見えていた。それではあまりに無責任ということになる。

「三人同時辞任」のうわさは固く封印された。

## 雪の氷川分館

いよいよだ、と関係した官僚や日銀当局者は気を引き締めた。麻生・甘利両大臣と白川総裁との会談の内容はすべてセットされた。もうシナリオはできている。合意文書、つまり政府と日銀の「共同声明」と名づけられた文書は、句読点の位置から改行の場所、助詞の選択に至るまで、積み木細工のように精緻に組みあがっている。官邸に陣取る最高権力者の意向は気になるところだが、これでなければうまくまとまらない。しかし、仕事に没頭していた官僚や日銀マンにとって予想外のことが一つ、彼らの前に立ち現れてきた。

それは雪だった。

一月一四日、東京は雨から雪になり、次第に銀世界へと変わっていった。東京で八センチの積雪が記録されている。

赤坂の一角に建つ日本銀行の氷川分館。都心ながら木々に囲まれたこの場所に、タクシーで来るにも公用車で乗り入れるにも、車はスリップに注意しなければならなかったし、降りた後、雪に足をとられる者もいた。内閣府の担当者は水に濡れないよう、甘利に渡す資料をゴミ出し用のビニール袋でぐるぐる巻きにした。

麻生、甘利が最終的に文書を点検したあとで、日銀総裁の白川が加わり会議が始まった。すでに前日の夜までに文書は完成している。あとは安倍の決裁があれば話はそれで終わりになる。会議というよりは確認の場だった。

財務省や内閣府の官僚たち、特に財務省の幹部は、安倍の周辺にいて一五日の会合にも出てくるブレインたちが、さらにたきつけるのを警戒していた。彼らは麻生や甘利に、「これが最終パッケージであり、もうどこも動かせない」「これ以上無理に日銀を押さえつけようとすれば、日銀のプライドを傷つけ、通るものも通らなくなる」「交渉は妥協の積み重ね。必ずしも学者の理屈通りにならない。彼らに政治の責任はとれない」「二%の物価目標導入はわが国金融政策史上画期的なできごと。合意に失敗すれば逃がした魚は大きい」などと繰り返した。いざというときには安倍にこう言ってほしいという願望だ。

トップ三人も「共同声明」の文書に合意した。前年暮れの総選挙の前後から本格化した日銀と政府の折衝は、何とか片がついた。

氷川分館での合意を受けて、翌一五日の午前一〇時一八分から四三分までの間、麻生と甘利は安倍に説明を行った。一四日に合意した内容を伝えたのだ。

二％の物価目標を設定したこと、その早期実現を目指すと明記されたことなどに言及したあと、麻生は「十二分の成果が得られた」と話した。甘利も「白川総裁はギリギリここまでなら決定会合を仕切れるというところまでおりてきた」と言うと、こう付け加えた。

「これ以上やると空中分解する」

しかし、安倍は「よくやった、ありがとう」という感じには見えず、「政府の取り組みを口実に使われないか心配だ」と何度か繰り返した。二％に届かないのは政府が悪いと言われるのではないかというわけだ。

この三人は、政治家としては実力者として政界に君臨していたが、マクロ経済や金融の専門家ではない。その政治家三人が官邸で額を寄せ合い、中央銀行への対応を話し合っている姿は尋常ではなかった。

甘利が、この日開かれることになっていた金融有識者会議について、「強硬派が達成年限の明確化を主張するという情報がある。こんなことが表に出ればますます市場の期待が高まってハードルが上がり、市場を失望させることになる。くれぐれも出席者には箝口令を布くことが重要だ」と話した。

この三人の会談で安倍がこう指示をしたという報告が、終了から間をおかず財務省と内閣府におりてきた。

「政府と日銀は完全に一体であり、市場に対しては一切のスキを見せないように。日銀は自らの責任で目標を実現させるんだという決意を示し、日銀が責任を回避しているという誤解を与えることのないようくれぐれも注意してほしい」

この時期、財務省はすでに、ある「お願い」を日銀にしていた。

それは「共同声明」が採択される一月二二日の金融政策決定会合での「追加緩和」だった。声明を出せば、金融政策の転換は印象づけられる。しかし、新政権での経済政策はこれまでと大きく姿を変えたのだと、より強く印象づけるためには、実際の政策発動が有効になる。

もちろん、最終的に決定するのは審議委員たちも出席した決定会合の場だ。しかし、その原案をつくるのは「執行部」と呼ばれる日銀のテクノクラートたちだ。同時に日銀には独立性が付与されている。旧日銀法の下で大蔵省が自在に支配していたのとは異なり、緩和強化の要請は言い方に気をつけねばならない。ただ、どんなに配慮した表現を使おうとも圧力は圧力だったし、日銀側はそう受け取った。財務省は「総理からの指示だ」として一月二二日の発表の仕方にも注文をつけてきた。

「あまりにもツーマッチではないのか」。日銀はそう思ったが黙っていた。

## 金融有識者会議

首相官邸は不思議な建物だ。セキュリティが厳しいのは仕方ないとしても、初めてここを訪れた人は、いったい自分が何階にいるのか、すぐに判別ができない。

何とか合意に達した財務省と内閣府の関係者にとっては、しかし、この不思議な建物を舞台にして、もう一つ仕事が残っていた。学者やエコノミストを集めた会議を乗り切ることだった。「金融有識者会議」と名づけられた会議が開かれたのは、雪の氷川分館の翌日、一月一五日の昼だった。一二時までに「五階会議室」への参集を命じられた面々は、次のような顔ぶれだった。

中原伜之・元日本銀行審議委員
伊藤元重・東京大学教授
岩田規久男・学習院大学教授
高田創・みずほ総合研究所常務執行役員
竹森俊平・慶應義塾大学教授
浜田宏一・エール大学名誉教授

本田悦朗・静岡県立大学教授

浜田と本田はすでに内閣官房参与の肩書をもっていたし、伊藤は経済財政諮問会議のメンバーだった。また、岩田や中原は安倍の打ち出した金融政策に賛同する意見の持ち主だ。つまり在野の研究者というより、招かれた七人のうちやや毛色の違う竹森と高田を除いては、「答えの見える」メンバーだった。出席者には一週間ほど前から「この日はあけておいてください」との連絡がいっていたし、高田によると「金融政策のあるべき姿を語ってほしい」と言われていたという。

細長いテーブルには安倍のほか、麻生、甘利、菅という内閣を支える閣僚たちが席に着いた。向かい側には、真ん中が浜田と中原、その両隣に岩田と伊藤、そして両端に高田と竹森が腰をかけた。本田は意見を聴く側の端に座った。長幼の序なのか、リフレ論への忠誠度の順なのか、と参加者の一人は冗談めかして独り言《ご》ちた。

会議は、官房副長官の加藤が仕切る形で始まった。

「この会合は有識者の方々をお招きして、内外の金融・経済情勢についてお話を伺うものです。有識者の方々には特に日本銀行の金融政策のあり方についてご意見を頂戴してまいりたいと考えております」

中央銀行の金融政策を議題とする公式な行事が、日本橋本石町の日本銀行ではなく、国会のはす向かいに建つ首相官邸で開かれている。しかもその場に日銀関係者は誰もいない。独立性を重視する人々にとっては信じられないような光景が繰り広げられていた。

「はじめに安倍総理からご挨拶をいただきます」

加藤に促されて挨拶に立った安倍は、淡々とこう話した。

「安倍政権における政策の一丁目一番地は、経済を再生し、強い経済を取り戻すこと。そのため「大胆な金融政策」「機動的な財政政策」「民間投資を喚起する成長戦略」の「三本の矢」を同時に行い、長引く円高・デフレ不況から脱却することが喫緊の課題である」

「自分としては三本の矢の中でも、特に二％の物価目標の下で、日銀に大胆な金融緩和を進めていただくことが最重要と考えており、日銀総裁にも直接検討をお願いしているところだ」

「今日は高名な学者・エコノミストの方々にお集まりいただいた。皆様には日銀の金融政策のあり方について、経済理論、マーケットの見方など幅広い切り口で忌憚のないご意見を頂戴したい」

会議は一気にヒートアップしていくのかと思いきや、ここで用意された食事の時間となった。

会議再開後、加藤から「ご挨拶をいただきながら、あわせてご意見を頂戴したい」と告げられ、まず指名されたのはテーブルのほぼ中央に座る中原だった。真ん前には安倍がいる。

「自分は日銀に審議委員として四年半いた。ゼロ金利解除や量的緩和の導入などを経験した。日銀がどういうところであるかよくわかった。円高に悩んでいても知らんぷりだ」

そんな日銀批判を展開した中原は最後にこう付け加えた。

「日銀に義務を課すような格好にするべきではないか」

続いて指名されたのは浜田だった。

隣に座る中原とは前日の一四日にも会っていた。雪の中、定宿とする国際文化センターに中原と岩田が訪ねてきたのだ。三人で話し合った結果、翌一五日に開かれるこの会議であくまでも日銀の方針を転換させるように求めていくことで歩調をそろえることが確認された。

浜田も金融政策の抜本的な改革を求めただけでなく、これまでの恨み節も出てきた。

「学者の力は弱いものだ。金融政策が重要だと言っていたのに、マスコミも政治家も耳を傾けてくれなかった。やっと聞いていただけるようになった。安倍首相の転換で日本経済を救おう」

浜田はこの席に向けて、「金融懇談会へのメモ」と題されたペーパーを提出していた。

「日銀の金融政策のデフレ志向は根強く、日銀法施行後延々と一五年余り続いて産業や国民生活を苦しめてきました。ここで政府なり与党に日銀の立場を思いやる趣旨の発言があったりすると、期待に水を差して、株高や円安の傾向にかげりが生じ、日本経済のデフレ脱却を不可能にしてしまう」

「選挙後の政策論議で気になることは、日本銀行、論壇のマクロ経済学の理解が、もう四〇年前に終わっている固定為替時代のケインズ経済学の理解にとどまっていることです。変動制下のマクロ政策の主役は金融政策であって財政政策ではないことを理解していないのです。そこで与党の一部にも、大型補正予算など財政政策の大盤振る舞いが必要であるかのような誤解が依然として残っています」

「日本の財政事情は毎年のプライマリーバランス（基礎的財政収支）の上からも、政府債務の累積の上からもきわめて憂慮すべき状況にあります。せっかく「リフレ政策で生じる歳入増加」を財政支出拡大で使ってしまっては、財政は元の木阿弥となります」

次に立った岩田は、「金融政策だけではデフレ脱却ができないと日銀は言っていたが、それは間違っている。全責任は日銀にある」と中央銀行批判を行った。

伊藤、竹森が学者らしく世界経済や米国の金融政策を解説すると、高田は「日銀は先進的な対応をしていたが、自分たちでこれでは難しいと公言しすぎていた面もある」などと部分的日銀批判を展開したが、「いったん下がった物価を引き上げるためには総合的な対応をしないとだめだ」と話した。

最後に本田が日銀批判を展開した。

「金融政策には新しいレジームが必要である。今までの日本の常識から外れたことをやる必要がある。金融政策だけでデフレ脱却は可能だ」

議論は、というより一方的なプレゼンテーションは、二巡目に入った。

まず中原が満を持して提案をした。

その骨子は、金融政策に限定して日銀と合意する。インフレ目標は二％。手段は日銀に任せる。国会において半年に一回説明。諮問会議で定期的に金融政策を点検する――。

国会での説明というのは米国がモデルだ。ＦＲＢ議長はハンフリー・ホーキンス法で半年に一回の議会説明の責任を負っている。ただ、日銀総裁も国会出席は相当の頻度に上った。

この提案に賛同したのは浜田だった。もちろん前日の議論を経てのことだ。

「中原提案は非常に重要だ。日銀は執念深い。時代錯誤のマクロ経済学に毒されている」

日銀の関係者が聞けば「われわれには、最先端のマクロ経済学研究をリードしてきた自負がある」と反論するであろう断定に続けて、浜田は日本が円高で苦しんでいる状況から脱却することが重要だと強調した。

次に岩田が二巡目の議論に参加したが、企業の内部留保などについての指摘にとどめた。伊藤、竹森、高田がそれぞれ学者やエコノミストとしての切り口から話をしたあと、最後には本田がこう述べた。

「政府は日銀の株の五五％を保有している。日銀とは対等ではない。自主性を尊重しながら協定を結ぶべきだ。いわば共同宣言である。何に合意したかを明確にする必要がある」

すでに時計は終了予定の午後一時半に迫っていた。

司会の加藤に促され、安倍が感想を述べた。

「選挙のときからデフレ脱却を主張したが、日銀総裁は否定的なコメントだった。現在、財務大臣や甘利大臣が日銀と協議している。相手があることではあるが、ご意見にも出たようにできるだけいいものをつくっていきたい」

こう言って安倍は一息つくと、こう宣言した。

「一番大事なのは二％の達成に責任をもってもらうこと。中長期はだめだ。少なくとも中期だ。どこまでいけるか。期待値を上げないようにすることと、諮問会議で説明していただくことも重要だろう」

総理は本気だ。その口調から、テーブルに並ぶ面々はそう感じた。

最後に加藤が出席者に釘を刺した。

「この場での発言についてはオフレコとさせていただきます。安倍内閣の政策に市場から非常に注目が集まっている中、細心の注意が必要かと存じます。政府側としてこのあと下で私が簡単なぶら下がり会見を行いますので、皆様にはお配りした応答要領のように、会議についての一切のコメントは差し控えていただきますようによろしくお願いします」

短縮すれば、「お前たちは何も言うな」と言っていた。

加藤が説明したように、出席者の手元に「対外応答要領」と書かれた一枚の紙が配られていた。

「問　会合では何が話し合われたのか」

「答　本日の会合については、この後、加藤内閣官房副長官がブリーフ（要旨説明）するので、私を含めたほかの参加者からのコメントは差し控えることになっている。したがってコメントはご容赦願いたい」

下の出入り口で待つ記者団に、参加者たちは判で押したようにこの答えを繰り返した。加藤のブリーフもほとんど中身のないもので、困った記者団は官邸の関係者などへの取材を繰り返した。翌日の朝刊には、白川の後任選びにひっかけてこんな記事が掲載された。

「新総裁が進めるべき金融政策について意見交換した」(「朝日新聞」)

「次期日銀総裁の具体的な候補者名は挙がらなかったもよう」(「日本経済新聞」)

## 「財務はだめ」

有識者会議と同じ一五日の夕方、臨時閣議が開かれ、緊急経済対策に伴う国の財政支出総額で一三兆円を超える二〇一二年度補正予算案が決定された。リーマンショック後の世界不況に対応した〇九年度第一次補正に次いで、規模は過去二番目の大きさ。国債も年度途中での増発に踏み切ることになった。

記者会見でその点を聞かれた麻生はこう答えた。

「不況脱出が優先順位の一番だ」

臨時閣議から四日後、一月一九日の夜、安倍は首相官邸近くのホテルにいた。この日は午前四時に、初外遊となった東南アジア歴訪から帰国したばかりだったが、ちょうどアルジェリアで発生し日本人も犠牲になったテロ事件の対応に終日追われていた。

そんな安倍をホテルの和食レストランで待っていたのは、みんなの党代表の渡辺喜美《よしみ》、ブレインの元財務官僚・高橋洋一らだった。

　この会合は「アビーロードの会」と呼ばれていた。メンバーは安倍、菅に加えて、渡辺、高橋、自民党の塩崎恭久、東京新聞の長谷川幸洋《ゆきひろ》、元テレビ朝日の末延吉正ら。

　アルジェリアの事件もあるし、この日の会合はお流れかなとメンバーは思っていたが、予定通りに行うという連絡が入った。会合は別の場所で予定されていたが、さすがに事件を受けて「官邸の近くがいい」ということで官邸裏のホテルに変更された。

　この日一日の安倍の労苦をねぎらったあと、間もなく任期の切れる白川総裁の後任に誰が適任なのかという話題になった。インフレターゲットを理解できる人でなければだめだということになり、渡辺は五人の名前を挙げた。

　浜田宏一、中原伸之、岩田規久男、竹中平蔵、高橋洋一。

　渡辺はのちに総裁になる黒田東彦をこのリストに入れていない。その理由は財務省の人間だからだった。「特に彼は主税局が長い。増税に傾く心配があった。財務省的パラダイムに引きずられる心配があった」と渡辺は回顧する。長谷川も「五人の名前が出たので、黒田もいるぞと言ったが、渡辺さんは「財務省だからダメ」と反対した」と話す。

　このリストを渡辺に献策したのは高橋だった。渡辺に頼まれて作成した。自分の名前は入れていなかったが、渡辺が付け足した。

この名簿は政治家が勝手に作成して首相に示したというだけなのだが、安倍は間もなく日銀が物価目標を導入することを決めたなどとは言わずに、黙って話を聞いていたという。

参加者の一人は、日銀総裁選びがいよいよ本格化してきたことを痛感した。このような酒の席で決まるような中身でないことは重々承知していたが、白川とは真逆のリフレ派から総裁を選ぶべきだという声が大きいことを、改めて安倍も認識しただろうと思ったという。

**根回し開始**

日本銀行では六人いる審議委員への「説明」が始まっていた。一四日の白川・麻生・甘利の三者会談で事実上、文書の表現は合意された。ここからは「てにをは」を含めて、変更は一切許されない。官邸の動向を考慮に入れながら、注意深く練り上げた文章だ。

しかし、法律的に日銀の意思を決めるのは金融政策決定会合だった。そこで一票を投じる審議委員たちが「こんなものは受け入れられない」と反旗を翻したり、あるいは「この表現はこう変更するべきだ」などと言い出したりすれば、収拾がつかない。

総裁、副総裁、理事、企画局長らは静かに、しかし断固として、この文書を認めるように審議委員に迫った。

審議委員と日銀事務当局の関係は微妙だ。建前的には事前の政策誘導、つまり根回しは一切できないことになっていた。委員には金融の専門家が任命されている。一人一人が独立して考え、議論し、政策立案に関与するというわけだ。

しかし、実態は違った。審議委員には賛成してもらわねば、日銀と政府は全面対決になりかねない。その先には日銀法改正などもちらついている。悠長なことは言っていられない状況だ。

このとき審議委員だったのは、石田浩二（元三井住友ファイナンス&リース社長）、白井さゆり（元慶應義塾大学教授）、佐藤健裕《たけひろ》（元モルガン・スタンレーMUFG証券マネージング・ディレクター）、木内登英《たかひで》（元野村證券金融経済研究所チーフエコノミスト）、宮尾龍蔵（元神戸大学教授）、森本宜久《よしひさ》（元東京電力副社長）の六人。

審議委員にはこれまでの経緯が説明された。

交渉にも関与した日銀幹部は、「共同声明はバランスのとれたいい文章だと思う。長い目標としてはいいのではないか。当然のことが書いてあるし、成長戦略とか政府の責任も明確に書いてある」と自賛した。

日銀が立たされている政治的な状況について、審議委員たちもよくわかっていた。

ある審議委員はこう話す。

「私自身は政治家と話す立場にないので直接的には感じていなかったが、総裁以下の執行部が相当なプレッシャーを受け、ストレスを感じているのは垣間見えた」

金融政策の決定は審議委員が行う。今度は審議委員一人一人の肩に責任がのしかかることになった。

## 物価の安定

一月二一日、金融政策決定会合が二日間の予定で始まった。初日は市場の動向や内外の金融経済情勢報告などが中心。翌二二日に本格的な討議が行われた。

執行部に対しては、一二月に「物価安定とは何か」という宿題が与えられている。「物価の安定」という概念が一般にどう受け取られているか、「物価の安定」を数値的に表現するのか、「物価の安定」の達成に向けた物価上昇のメカニズムをどう考えるか——という三つの視点から日銀事務局の説明がなされた。

要するに、その答えを探していけば、今回予定されている「二%の物価目標」にたどり着けるような議論の誘導ともいえた。

討議の中では、ほかの先進国で採用されている二％を物価上昇率の目標に据えるべきではないかなどと意見が出た。しかし、委員の佐藤と木内はこれに抵抗した。

彼らのロジックは、過去二〇年、二％の物価上昇率を実現したことがないので、いきなりこの数字を掲げて政策運営するのは無理があるというものだった。

議論の途中から、佐藤と木内が今回の提案に賛成しないことは明確になってきた。正確にいえば「物価上昇二％」という表現を含む文書には、だ。

日銀はこのとき、物価安定の目標を日銀が定めて、それをもとに政府との共同声明を出すという構造にしている。したがって、物価安定の目標と政府との文書は別物で、新たな討議が必要となった。

白川は文書が必要な理由をこう述べた。

「日本銀行の強力な金融緩和をデフレからの脱却と持続的な経済成長につなげていくためには、企業や家計が緩和的な金融環境をより積極的に活用し実体経済への波及を強めていくことが重要である。そのための環境整備を行ううえで、政府の役割は重要である」

「政府と日本銀行は日ごろから密接な意思疎通を図ってきているが、日本銀行が「物価の安定を図ることを通じて国民経済の健全な発展に資する」という使命を果たしていくうえで、このタイミングで、それぞれがお互いの役割を明確に意識して政策連携を強化することで、そしてそれを共同声明という形で対外的にも示していくことが重要と考えている。そうすることにより、政策効果をより強力なものにしていくことができるのではないかと考えられる」

白川の説明は、「なぜこのタイミングなのか」を明確に語っていない。政権からの圧力などということは口が裂けても言えないことだった。しかも、この日は甘利が政府を代表して出席し同じテーブルを囲んでいる。

そして、そのことは決定会合に出ている審議委員全員がよくわかっていた。

## 反対は二人

委員たちは議論を重ねた。

「政府と日銀が連携を強化し、一体となって取り組んでいく姿勢を明確に示すことは、日本経済の回復の動きを後押しするうえで、きわめて重要である」

「政府との共同声明を決めるにあたっては、日本銀行法が定める中央銀行としての独立性の確保と政府との意思疎通の重要性のバランスが重要であり、今回の声明はそうしたものになっている。政策連携という言葉が使われていたり、具体的な金融政策の運営については日本銀行に任されていることを考えると、政府からも日銀の独立性に対する配慮がなされていると理解している」

「政府が財政運営に対する信認をしっかり確保することも、連携を進めていくうえで重要だ」

「政府が消費者物価の前年比上昇率二%という目標の達成に向けた責任を分かち合うことが明示されなければ、企業や家計の期待形成に働きかける効果は限定的ではないか」

委員からは様々な意見が出された。

新日銀法が一九九八年に施行されて以降、中央銀行の独立とはいったいどのような意味なのかは絶えず議論されてきたし、実際に政府との間で緊張関係が高まると、そのたびに蒸し返されてきた。

「政府と責任を分かち合う」というのは、安倍政権が最も嫌う発想だった。これまでも日銀の言い訳に使われてきたし、今回の二%のインフレターゲットをめぐる議論でも、最も日銀に言わせたくない表現だった。

最後に議長に促され、甘利がこう発言した。

「本日合意する共同声明は、できるだけ早期にデフレから脱却するという強い意志、明確なコミットメント(約束)を示す「レジーム・チェンジ」ともいうべきものである。この新しい枠組みを通じて、デフレ予想が払拭されていくことを強く期待している」

「日本銀行には、(二%という)この目標をできるだけ早期に達成するため、大胆な金融緩和を進めることを強く期待する」

「経済財政諮問会議は、金融政策を含むマクロ経済政策運営の状況、そのもとでの物価安定の目標に照らした物価の現状と今後の見通しなどについて、定期的に検証していく場と考えられる。日本銀行にはこの場を通じて十分な説明責任を果たしていただきたい」

甘利は「経済財政諮問会議を検証の場とする」と明確に言い切った。日銀の責任をチェックできる場がないという安倍政権の不満は、ここで一応の解答を得たことになる。

諮問会議という行政府の場で、日銀が金融政策の弁明につとめる。首相以下政治家たちは、日銀の不十分さを批判できる。諮問会議がそんな場になるわけだ。押しが強く権謀術数の荒波にもまれた政治家たちにとって、日銀を圧倒することなどわけはない。

白川が採決に入ることを宣言した。

「無担保コールレート(オーバーナイト物)を、金融市場の調節方針は〇~〇・一%程度で推移するように促す」という調節方針は満場一致で決定された。日銀が誘導目標としているきわめて期間の短い市場金利を〇~〇・一%に抑えるという意味だった。

また、日銀の資産買入等の基金について「期限を定めない資産買入れ方式の導入」が全員一致で決まった。これは「いつ終了する」という予定を示さずに国債などを大量に買い続けるという意思を示したに等しい。メディアはこれを「無期限緩和」などと呼んだ。

財務省が「共同声明と同時に」と要請していた「追加的な措置」への答えだった。

そして日銀の物価目標と、政府との共同声明について採決に入ったが、二人の委員が反対に回った。意見開陳段階から疑問を表明していた佐藤と木内である。「二％というのは現時点における、持続可能な物価の安定と整合的と判断される物価上昇率を大きく上回っている」という理由だった。

後日、佐藤は講演でこう話している。

「消費者物価の上昇率二％は、現状、持続可能な物価の安定と整合的であると判断される物価上昇率を大きく上回る」「二％の目標値を掲げるうえでは、成長力強化に向けた幅広い主体の取り組みが進む必要があるが、現に取り組みが進む前に二％の目標値を掲げると金融政策の信認を毀損するおそれがある」

安倍政権は、デフレ脱却は日銀の責任だという。しかし、経済は「幅広い主体」の動きの集積だ。特に政府だ。政府が何もやってくれなければ、日銀だけではうまくいかない。日銀だけ前のめりになっても仕方がないし、これで二％が達成できなければかえって金融政策への信頼を損なう――。

佐藤の言ったことを意訳すればこうなる。

もう一人、反対票を投じた木内も、のちに講演でこう説明している。

「消費者物価の前年比上昇率二％は、過去二〇年の間に実現したことがほとんどなく、そうした実績に基づく現在の国民の物価観を踏まえると、二％は現時点における「『持続可能な物価の安定』と整合的と判断される物価上昇率」を大きく上回ると考えられる」

「このため、現在、中央銀行が二％という物価上昇率を目標として掲げるだけでは、期待形成に働きかける力もさほど強まらない可能性が高い」

「二％の目標実現には、成長力強化に向けた幅広い主体の取り組みが進む必要があるが、現に取り組みが進み、その効果が確認できる前の段階で二％の目標値を掲げた場合、その実現にかかる不確実性の高さから、金融政策の信認を毀損するおそれがあると考えられる」

二番目の理由を除いて、佐藤の意見とそっくりだ。しかし、結局反対は二人にとどまり、政府と日銀がまとめた共同声明は可決された（巻末資料参照）。

終了後、麻生、甘利、白川の三人はそろって首相官邸に出かけて共同声明の取りまとめを報告した。もちろん安倍はすでに内容も知っているわけだから、形式的なセレモニーに過ぎないのだが、市場へのＰＲを狙う人々からすれば、三人が官邸に来ること自体が重要だった。

そして三人は、官邸のエントランスホールで即席の記者会見、いわゆる「ぶら下がり」に応じた。麻生も甘利も民主党政権を批判した。「政府はあまり関係ないという事態をつくらせたのは前の政府の責任とはいえ、それをゼロからやり直すのはかなり難しかった」「前政権のスタンスから今日の着地点までは相当な距離があった」──。

その政治家二人の発言の合間を縫うように、白川は、「日銀法の理念は政府のご理解をいただけた」と言葉少なだった。政府と日銀。どちらが勝者であるかは明確だった。

政権交代というのは、民主主義の中でいつでも起こりうる話だ。しかし、中央銀行が政治の中でこんなに影響を受けていいのだろうか。この三人の会見をテレビでみたある日銀当局者はそう考えた。

白川にとってそれで仕事が終わりではなかった。日銀に戻り記者会見を行ったあと、午後六時過ぎからは再び官邸に戻り経済財政諮問会議に出席した。

白川がその日の決定の内容を説明すると、民間議員の小林喜光《よしみつ》が、「時間軸をどう考えたらいいのか」と質問してきた。

しかし、それに答えたのは白川ではなく安倍だった。

「政府としては中期をできるだけ短くしていただけるだろうと期待している」

「この共同文書の中においては、日本銀行がやっていくこととわれわれ政府が取り組んでいくことを書いているわけだが、政府としては基本的に二％の物価安定目標について、このターゲットを達成することにおいては、日本銀行が責任をもっていただくということである」

## G7への書簡

日銀との共同声明が発表された直後、財務官の中尾はG7各国のカウンターパートたちに書簡を送っている。

――安倍政権の経済政策は、大胆な金融政策、機動的な財政政策、民間投資を促す成長戦略の三つからなる。金融政策の目的はデフレ脱却だ。今回はインフレターゲットも含めた。そのターゲットを実現するために金融緩和をやるということだ。競争的な切下げをしないというこれまでのG7のコミットメントは遵守している――。

アベノミクスへの反応は様々だった。ドイツのショイブレ財務相は一月一七日の連邦議会で、「日本の新政権の政策に、大きな懸念をもっている」として、アベノミクスの柱になっている大胆な金融緩和策を批判した。

「円安への意図的な誘導を行っているのではないか」という疑念や批判のある中での日銀の決定だ。直後は「気迷い」ふうだった為替相場でも円安傾向が次第にはっきりしてきた。ここで改めて各国にも日本の政策の意図をきちんと説明しておいた方がいいというのが中尾らの判断だった。

ただ、一月下旬にかけて、緊張はさらに静かに高まっていた。円安が加速していたのだ。

政治家たちの発言も続いた。

一月二四日には、米系通信社がこんな記事を配信した。

――自民党の西村康稔《やすとし》内閣府副大臣が、「浜田先生も一〇〇円で何の問題もないと言われているが、私自身も共通の認識だ。今の九〇円前後のレベルで円高修正が進んだかと言われれば、まだ終わっていないという認識だ」と言った――。

「浜田先生も……」というのは一八日に、内閣官房参与の浜田宏一が「一ドル＝一〇〇円くらいは大丈夫」と言っていたことを指す。

リフレ派の中でも円の水準を重要視する学者としてこの考え方は当たり前のことなのだが、それを参与として発言し、また、内閣を構成する政治家が引用すると重みが違ってくる。

日本側は米側に説明を続けた。

各国の金融政策は国内均衡を目指すものであるし、それはそれで尊重するという合意は従来からG7でできていた、日本政府に為替切下げ競争の意図はない――。

しかし、米側の不満は伝わってきた。

# Ⅲ

二〇一三年二月〜同年七月

# 第8章　「米国は理解した」

現代では先進国の経済政策が国際的にも様々な形で影響を与える。限定的か大規模かはケース・バイ・ケースだが、アベノミクスという政策もいやおうなくグローバル化した国際経済の中に位置づけられた。そして当然のことながら、米国をはじめとする各国との間で、もまれていくことになった。

## バーナンキ訪問

ワシントンのホワイトハウスから南西に数ブロック離れたところに立つ米連邦準備制度理事会(FRB)のビル。外壁は白く、木々の緑によく映える。

このFRBに日本大使館の車が滑り込んだのは二〇一三年二月四日のことだ。車から降りてきたのは、佐々江賢一郎駐米大使。外務省の事務次官を終えて赴任していた。財務省から大使館に派遣されている土井俊範《としのり》公使らが同行していたが、彼らを待っていたのは、この建物の主、ベン・バーナンキＦＲＢ議長だった。

佐々江の人事は前年の夏に発表されていたが、大統領選挙の真っ最中ということも考慮され、現職のオバマ大統領が再選された一一月六日をまたいでの赴任となった。

大使にとって重要なのは安全保障や外交の分野だ。米国の省庁でいえば国務省や国防総省の高官との付き合いが大事になる。経済分野は日本の財務省や経産省が公使を派遣してカバーしているため、一九八〇年代や九〇年代のように大きな経済摩擦でもない限り一歩引いていた。

このときのバーナンキ訪問も多分に赴任挨拶という意味合いが込められていた。しかし、タイミング的にはアベノミクスの開始直後という絶妙なものとなった。

型通りの挨拶に続いて米国の経済情勢などで意見が交換されたあと、佐々江はバーナンキにこう問いかけた。

「日本の最近の経済政策についてどうみているか」

この質問にＦＲＢ議長は手短に答えた。

「非常に強力な政策だと考えている」

もともとバーナンキはプリンストン大学の著名な学者だった。金融論で知らぬ者はおらず、アベノミクスで採用された「リフレ論」を主張する学者の一人。「ヘリコプター・マネー」にも肯定的だった。これはデフレ解消のためにはヘリコプターからお札をばらまけばいいという考え方。もちろん比喩なのだが、それぐらい徹底的に中央銀行がお金を供給すれば、デフレは解消するという理論だった。

マネー重視派の教祖的存在である米国の経済学者ミルトン・フリードマンが提唱したものなのだが、その信奉者でもあるバーナンキはファーストネームをとって「ヘリコプター・ベン」というあだ名をつけられていたほどだ。バーナンキからみれば金融政策を前面に出したアベノミクスは正しい政策に決まっている。

佐々江はここで続けた。アベノミクスのPRだ。

「わが国では安倍新政権の下、大胆な金融政策、機動的な財政政策、民間投資を喚起する成長戦略という三本の矢を同時に行っていくことで、デフレから脱却し、日本経済を自立的な成長軌道に乗せるべく取り組んでいる。実業界も政府の政策に対して期待を高めており、これが民間サイドの行動に好影響を与えることを期待している」

バーナンキはこう返した。

「自分は金融政策については専門であり承知しているが、財政政策と成長戦略についてお話しいただけるとありがたい」

FRBのカウンターパートはあくまでも日銀だ。世界の中央銀行の幹部たちは横のつながりが非常に強い。スイス・バーゼルの国際決済銀行(BIS)の会合で顔を合わせ意見を交換することが慣例化している。日本からの大使とはいえ、日銀以外の人間と金融政策の話をしてもあまり意味はないということか。

「説明してくれ」というバーナンキの要望に応える形で佐々江はこう話した。

「財政面では二〇兆円規模の緊急経済対策を策定し、一〇兆円を上回る規模の補正予算を編成した。さらに九〇兆円を上回る規模の二〇一三年度当初予算を策定している。これらにより、東日本大震災からの復興加速や防災対策のための公共投資などを進めていく。また、税制上の措置も盛り込んでいる。成長戦略については、民間投資やイノベーション促進といった持続的成長に資する戦略を、年央を目途に策定することにしている。当面は金融政策と財政政策を中心に具体的取り組みを進めている」

これまでの安倍政権の取り組みに関し、佐々江は第二、第三の矢、つまり、財政面の対策と成長戦略について教科書的に説明した。

間髪をいれずに口をはさんだのは公使の土井だった。土井は財務省から一二年七月、ワシントンに赴任した。

「GDPに比べ二％程度の補正予算により短期的な景気刺激策を講じる一方、中長期的には財政健全化を実現すべく、二〇一五年度までにプライマリーバランス赤字を半減し、二〇二〇年度までに黒字化するとの目標を掲げて取り組む。また現在五％の消費税を二〇一四年、二〇一五年にそれぞれ八％、一〇％に引き上げることにしている」

日本の財政は厳しいのですよ、いくら「当面は金融政策と財政政策」と言ったって、財政出動には限界がありますよ、消費税も上がることになっているのですよ――。土井の発言は財政健全化というキーワードも忘れないでほしいという内容だった。

佐々江はすぐにこう述べた。

「短期的には景気刺激を行いつつも、長期的には財政規律を維持するということである」

満点の補足だった。

概して安倍の政治的指導力に対するアメリカの評価には高いものがあった、と佐々江は回想する。

「バーナンキ議長を訪問したことはよく覚えている。彼はアベノミクスを評価し、デフレ脱却に向けて通常ではない措置をとっていることを理解していた」

## 米国は好意的

当時ワシントンに赴任した大使館員の多くは、日本がこの街から消えていることに気づかされたという。とりわけ経済担当の外交官はその思いを強くした。

一九八〇年代、九〇年代の摩擦の時代は、良くも悪くも、シンポジウムや講演で日本は格好のテーマとなった。議会で対日公聴会が開催され議員たちはジャパン・バッシング（日本たたき）を繰り広げ、経済問題をテーマにしたシンクタンクのイベントには多くの聴衆が参加した。

しかし、摩擦の時代が去ると、二〇〇〇年代からワシントンの関心は勃興する中国に移る。以前、日本異質論を唱えて「リビジョニスト」と呼ばれたジャパン・バッシャーたちは、中国研究を始めないと稼げないことに気づき、この街から日本問題は消えていった。

二〇一二年に赴任した大使館幹部はこう振り返る。

「日本の経済政策を知っている人がいなかった。以前日本をやっていた人も、中国や韓国のことにまで手を広げないとダメだということになってしまった。白川総裁時代の日銀をフォローしている人などはきわめて少なかったし、中央銀行の関係者を除いて白川さんという存在そのものが米国内ではほとんど認知されていなかった」

「そのムードが変わってきたのは、つまりワシントンのシンクタンクや議会で日本が再び視野に入ってくるようになったのは、安倍政権がリフレ政策を打ち上げることで株や為替が動いたからだ。みんな、あれっと思った。動きに乗り遅れた投資家グループが、いま日本で何が起きているのか聞いてきた」

大使館には連邦議会議員のスタッフから、「日本の経済政策の変化を教えてほしい」「安倍首相は何をやろうとしているのか説明してくれないか」という問い合わせも来るようになった。

外務省も各国の大使館に、アベノミクスについて聞かれた場合の応答要領を配布。ボストン総領事の姫野勉は二〇一四年に赴任すると、アスパラガスを三本まとめ天ぷらにして米国人をもてなした。「これが三本の矢。一本なら簡単に食べられるけど、三本まとめるとなかなか折れない」。客人たちは笑いながら納得した。

米政府からこんな情報ももたらされた。

二月初め、ワシントンでオバマ政権の経済関係省庁連絡会が開催された。日本の財政・金融政策についてはおおむね好意的であり、今後は成長戦略をしっかり観察していく必要があるという結論になった――。

この会議の記録を読んだ駐日米大使館の幹部は、為替について「ドイツなども批判的だ」という表現で懸念を表明しつつ、日本のカウンターパートに概要を伝えた。

経済担当としてアベノミクスを観察していた当時の米政府当局者はこう述懐する。

「安倍の関心は経済ではない、国粋主義的だ、などと言われていたので、アベノミクスに全力をあげるという姿勢は評価された。米政府としては規制緩和を中心にしたアベノミクスの第三の矢に一番関心があった」

## 突然の辞意表明

白川の辞意表明は突然だった。

たしかに自身の任期は四月八日に終了する。日銀法によると、日銀総裁は衆参両院の同意を得て内閣が任命することになっている。事実上は首相が選んで立法府が同意するというプロセスをたどるのだが、すんなりとは決まらないこともあり、白川自身、副総裁候補として待機していたら、総裁候補が次々と国会で否決され、副総裁就任を経て一挙に総裁に昇格したという経験を有する。

白川の再選はあり得ないとしても、問題が一つあった。三月一九日に山口と西村の副総裁二人の任期が切れるのだ。もし白川が四月八日の任期まで務めていたら、四月四日に予定されている金融政策決定会合を仕切らねばならないが、そのときは安倍政権に任命された副総裁二人が座っていることになる。誰がなるにせよ、それは安倍の意向を受けた人物であり、おそらく伝統的な日銀の考え方とはおよそかけ離れた人物が任命される。そしてそのまま決定会合に至れば、総裁と副総裁の意見が食い違うという事態が待っているだろう。

金融政策決定会合の議長を務める総裁の提案に副総裁が反対を表明した例は過去にもあった。しかし、いたずらにそういう不同意の場をつくる必要もない。白川が任期を前倒しし、三月に辞めれば、新しい正副総裁のもとで四月からのスタートが切れる。

白川は事前に麻生にも連絡した。周辺は麻生が「ううむ」という感じで口を開かなかったと聞かされた。もともと白川は福岡県北九州市の出身。父親は企業経営者で、この地域を選挙地盤としてきた麻生とは知り合いだった。

また、麻生が一月の共同声明のとき白川を守った形になっていることを、日銀は把握していた。恩義はある。白川が事前に麻生に連絡を入れたのは当然のことと受け止められた。

二月五日、白川は安倍を首相官邸に訪ねて挨拶したが、辞意表明は大半の日銀幹部が事後的に知った。「たしかにこのタイミングしかないな」と思った日銀マンもいたし、白川の複雑な胸中を察して「ぐっと来た」という部下もいた。

しかし、去りゆく日銀総裁に政治の世界はそれほど温かくはなかった。

「白川さんが挨拶に来られたのは覚えているけど、二月五日だったっけ。詳しいことはあんまり覚えていないなあ」とは、このとき官房副長官を務めていた加藤の弁だ。

## G7声明

財務省の国際金融担当部局は緊張していた。G７で声明を出そうという動きが強まったのだ。テーマは進む円安だった。

一月に一ドル＝八〇円台後半で推移していた円相場は、一月末くらいから下落スピードを速め、二月に入ると九〇円台半ばをうかがうようになっていた。

二月八日の金曜日夜にはG７Dの電話会議が再び開かれた。議長国にはその年のサミット開催国が就任するのが通例で、このときは英国財務省の代表が会議を呼びかけG７Dの議論を引っ張った。

――各国が共通して用いることができる「為替についての表現」で合意したい。またその声明を大臣が発表するのはどうか――。

日本側は、これまで思っていた以上に各国が日本の円安に対して反発を感じていることを知った。

――日本の通貨当局、金融政策当局の考え方ははっきりしている。金融政策はデフレ脱却、安定的な成長を目指しているのであって、円安が結果的に生じたとしても、政策目的はあくまで国内均衡だ。一定の為替のレベルを意図したわけではない――。

財務官の中尾たちは同じことを繰り返し、根気よく説明する以外になかった。

「市場が決めることなのだから、そういうふうに動くのは仕方のないことではないか」

この電話会議ではG7声明の必要性に加え、タイミングも問題になった。このとき二月一五日からは二〇か国・地域(G20)財務相・中央銀行総裁会議も予定されていたが、日本以外の各国の主張は、そのG20の前にもG7で緊急の声明を出すべきではないかというものだった。

これに対して日本側は、G20があるのに、その前にG7であわてて声明を出すのは、市場に対しても不安定な影響をもたらす可能性がある。もし必要ならG20の声明で対応すべきだと反撃した。そしてこう付け加えた。

――二〇〇八年秋のリーマンショックのとき、円は半年で大幅に切り上がった。そのとき日本はそれを問題にするようなことをしただろうか。各国が危機的な状況の中で金融緩和することに理解を示し、その結果としての円高も受け入れてきたではないか――。

矢面に立たされた日本の当局者たちは、なぜ日本の円だけを取り上げて問題視するのか、そういう言葉をのみ込みながら発言した。

声明の必要性そのものについて、日本側は最初は疑問視する態度を崩さなかったが、今までのコミットメントを確認するような内容ならば仕方がないというところまでおりた。

文言調整で焦点になったのは、各国の財政・金融政策が国内目的を達成するためにあること、為替レートを目標にはしないこと、の再確認をどう表現するかだった。日本側がこだわったのは、「これまでは日本などがそういうふうにしてこなかった」と取られかねない表現を避けることにあった。

日本側は粘った。二月八日金曜日の夜遅く始まった電話会議は二時間に及び、白熱したものとなった。文言調整は週末まで文書のやり取りで続けられた。

最終的な文言は、「財政・金融政策が、国内の手段を用いてそれぞれの国内目的を達成することに向けられてきていること、今後もそうしていくこと、そして我々は為替レートを目標にはしないことを再確認する。為替レートの過度の変動や無秩序な動きは、経済及び金融の安定に対して悪影響を与え得ることに合意している。我々は引き続き、為替市場に関して緊密に協議し、適切に協力する」となった。

「向けられてきていること」の部分、英語で言えば“our fiscal and monetary policies have been and will remain oriented towards" の "have been" が入ったのがポイントだった。普通の人々にとってほとんどその差はわからない。しかし、「過去もこうだった」という表現が入ることで、日本は世界から非難されるような不当なことはしていないという意味が色濃く出せる。

国際交渉に携わる者としては当然だったが、英語の一語、一表現をめぐる戦いは、なかなかに厳しいものがある。わずかな表現の違いに、交渉者たちは国益をかける。

声明は、各国が二月一一日月曜に発表することを主張したが、この日は日本では建国記念の日で休日。日本側はこれを避けて二月一二日にするようにも要求した。財務相や日銀総裁に了解をとり、政府の最高レベルまで報告する必要があるし、休日に発表すること自体、G7が何かあわてて行動しているという印象を市場に与えてしまう。

結果的に発表は日本時間二月一二日火曜の午後七時(米国東部時間午前五時)に決まったが、発表の前日、米側の責任者である財務次官のラエル・ブレイナードが記者会見でこう述べた。

「成長を取り戻しデフレからの脱却を目指す日本の努力を米国は支持する」

米政府は、それまで安倍政権の経済政策を明確に評価してこなかった。しかし、この発言は明らかに金融緩和と財政政策でデフレ脱却を目指すアベノミクスに支持を表明している。これを受けてニューヨーク外為市場などで円売り・ドル買いが急加速した。この市場の反応は、米政府にも予想外だったかもしれない。為替についての発言の難しさを感じさせるエピソードだ。

このＧ７声明の内容は、一二日の朝、財務官の中尾から大臣の麻生に詳細な説明があり、夕方六時前には官邸を訪ねた中尾たちから安倍にも同じ内容が伝えられた。

日本時間二月一二日の午後七時ちょうど、声明が発表された。ぶら下がりの会見に応じた麻生は「いろいろな政策が為替に使われているのではないかという話がありましたが、そういうことではないと各国に正しく認識されたという点においては非常に意味があった」と話した。

麻生の言葉遣いは声明そのものよりやや強く、「各国に正しく認識された」という発言に米国が反応した。

「日本は声明を誤って解釈している」

米メディアにこんな匿名の米政府当局者のコメントが掲載された。反応を求めてくる日本のメディアに対して、中尾はこう応じた。

「匿名のコメントに対してはコメントしないが、Ｇ７声明の文言の通り、日本を含めたＧ７各国の財政・金融政策は、それぞれの国内目的を達成するために向けられてきており、今後もそうしていくことを再確認したということに尽きる」

円安をめぐる攻防は、何とか一段落した。

## トリクルダウン

賃金というのは、通常、労使の問題であるとか、サラリーマン個人の問題のように聞こえる。しかしマクロ経済政策を運営していくうえで、賃金の上昇というのは非常に重要な要素だった。特にアベノミクスで、経済の浮揚を国民が実感するためには所得の伸びが必要になる。もし、賃金が同じままアベノミクスが成功して物価が上昇した場合、実質的に賃金は目減りする。賃上げを担う春闘はこの政権にとっても重要だった。

ただ、経済界の意見も一様ではなかった。先進的な提言を出すことで知られる経済同友会は、この年の年頭所感で代表幹事の長谷川閑史《やすちか》がこう意見表明していた。

「日本企業は今や二〇〇兆円を超える現預金を有していると言われている。(中略)いくら潤沢な資金があっても、国内には魅力的な投資機会が少ないと嘆いたり、超円高の是正を政府・日銀に要請するばかりでは事態は解決しない。まずは経営者自らがリスクをとることである」

これに対して、経団連は消極的だった。

このままでは賃上げが実施できないとみた安倍政権は、直接要請を行うことを決めた。二月一二日に、経済界との意見交換を首相官邸で実施した。経団連の米倉弘昌会長、日本商工会議所の岡村正会頭、経済同友会の長谷川閑史代表幹事らが並んだ。当初は米倉のスケジュールが合わず欠席かともみられていた。

財界の中心団体である経団連の会長がいなければ、会議の意味合いが薄れてしまう。しかも米倉とは因縁浅からぬ関係だ。不仲説にも拍車がかかる。

「何とかしろ」という内閣府の一喝で米倉も顔をそろえることになった。

この会議で首相は、「業績が改善している企業は報酬の引き上げを行うなどの取り組みを検討してもらいたい」と強調した。

しかし、会議時間は一二時半からわずか一五分。しかもこの時期はすでに春闘も佳境を迎えている。労働側は要求を出し、経営者側も回答を模索して、労使の交渉が続いている時期だった。官邸が何か言ってもこの年の春闘に反映させるのは難しい。ただ、経営者に心理的な圧力を加えることはできる。

これに対して経営者たちは頑なだった。米倉は一九日に開かれた経団連内の会合で一二日の会議の模様を報告するとともに、「報酬をはじめとする労働条件は経営実態を踏まえて労使が協議し、自社の支払い能力に即して決定される」と述べた。

国家権力が民間の営為に口を出すことの当否も議論になった。

官僚の中にも、「権力を使ってギリギリやったら賃金って上がるのか」「日本はいつから社会主義国になったんだ」という意見は存在した。しかし、なりふり構ってはいられなかった。

自民党は政権に復帰したが、有権者は移り気だ。実際に懐を温かくする必要がある。内閣支持率は高い。今なら少し乱暴なことをやっても、デフレ解消、国民生活向上を前面に出せば許される、という読みもあったようだ。

学者の中にはこの政策を「トリクルダウン・エコノミーだ」と批判する者も多かった。トリクルダウンというのは、法人税減税などを通じて企業の力を底上げすれば、その利益が国民に滴り落ちていくという意味だ。米国のレーガン政権や英国のサッチャー政権で試みられたが、成功したケースはまだほとんどないと言われている。

アベノミクスはトリクルダウンだという主張に対し、官房副長官の加藤はこう反論していた。

「それは違う。レーガン時代のトリクルダウンなどと異なり、日本は国家の力で賃上げをさせようというわけだ。だから純粋なトリクルダウンではない」

## オバマの肩透かし

二月二二日。この日、安倍はワシントンにいた。第二次政権発足後初めて訪米し、オバマ大統領との会談に臨むのだ。

外務省の記録によると、一二時二五分からオーバルオフィスと呼ばれる大統領執務室で始まった会談には、日本側から外務大臣の岸田文雄、官房副長官の加藤、駐米大使の佐々江などが顔をそろえ、米側も副大統領のジョー・バイデン、国務長官のジョン・ケリー、駐日大使のジョン・ルースなどが大統領の脇をかためた。首脳会談が行われるとき、両国の大使が同席するのは慣例だ。

オバマが型通り賓客を歓迎したあと、安倍は二期目が発足したばかりのオバマに祝辞を述べた。そして「日本外交の三本柱」として「日米同盟の強化、アジアの国々との良好な関係、そして経済外交、すなわちエネルギー・資源のほとんどを海外、主に中東に依存しており、その安定的供給を確保する外交」の三点を強調した。そのうえで安倍は「この三本柱を貫くものが日米同盟である」と述べて、米国との絆の重要性を訴えた。

両首脳は安全保障分野、とりわけ朝鮮半島情勢、米軍再編問題、中国問題などに触れた後、隣のキャビネット・ルームに移って昼食をとりながら経済分野の討議を行った。

日本側にとってこの日の会談で一番重要なのは環太平洋連携協定、いわゆるTPPについて、首脳レベルで参加の意向を示唆しておくことだ。アベノミクス全体についてどの程度言及がなされるかは明確ではなかった。

「後半の昼食会は、まず簡単に経済政策について話をしてからＴＰＰについてじっくり議論するのが一番よい時間の使い方だと思う」

オバマがホスト役としてこう述べた。そしてそのまま日本経済全般についてコメントした。しかし、それは実にあっさりとしたものだった。

「総理が就任されてから、日本経済を活性化することに取り組まれ、すでに大胆な政策を実施し、日本の選挙民はそれを大いに評価していると承知している。ところで、ＴＰＰは……」

日本側出席者の一人は「えっ」と思ったという。

われわれは大々的にアベノミクスを展開しているのだから、もう少し何か中身のあることを言ってくれるはずという期待が半分、それにしてもドル高円安がひどすぎるという批判をもらうのではという予想が半分だった。それが、文字にすればわずか数行のみ。話はすぐにＴＰＰに移ってしまった。

たしかに米国にしてみれば、円安問題はすでに財務省を通じて日本側に釘を刺してある。ＴＰＰはこの首脳会談の獲得目標としては、より大きなものになるはずだ。しかも会談時間もそう残っていない。ドライなオバマの合理的な選択だったようだ。

## 否決された提案

東京には春の香りが漂っていた。桜はまだだが、日差しはもうすでに厳しい季節は去ったと告げていた。

日銀審議委員の白井さゆりは、決意を固めていた。三月末に開かれる金融政策決定会合で独自の提案を出すと。

ＩＭＦなどを経て慶應義塾大学で教鞭をとってきた白井は、白川の任期最後となるこの会合で「自分の考えてきたことのけじめをつけたい」と考えていた。

審議委員は決定会合だけを仕事の場としているわけではない。毎週二回開かれる通常の政策委員会には、日銀が日常的に行う様々な業務に関するテーマが議題として挙げられる。会社の取締役会と同じだ。こんなときも、白井は積極的に発言していた。

日銀関係者は「白井さんは思いついたことは何でも聞いていた」と印象を話すが、本人は「日銀のためを思って努力している」という自負があった。

金融政策そのものについても、市場や世論とのコミュニケーションを重視し、その点に関して何度か問題提起をしたことがある。今のやり方では市場や国民との間の対話が必ずしも効果的に行われていないのではないか、と。

それは政策展開への疑問にも直結した。

――小出しで、大胆さに欠け、デフレ脱却に消極的との印象がぬぐえない。ただでさえ二〇〇〇年八月のゼロ金利解除や〇六年三月の量的緩和の解除など、過去に日銀が実施した金融緩和の出口のタイミングが早すぎたとの批判があるのだから、きちんとしたPRが必要だ。日銀は金融緩和を実施しながらも本気でデフレ脱却を望んでいないのではないかという批判に拍車をかけている――。

のちに自身の著作『超金融緩和からの脱却』(日本経済新聞出版社、二〇一六年)で、白井は思っていたことをこう明らかにしている。

白井は三月の決定会合で、「日銀が買い入れ対象とする資産として最も重要な資産を国債と位置づけたうえで、「輪番オペ」と「基金オペ」を統合する。国債の平均買い入れ年限を長期化する」ことなどを提案した。

緩和姿勢の強化を目的として二〇一〇年に導入されたのが「資産買入等の基金」。ここで、満期までの期間が一～三年の国債や社債、上場投資信託(ETF)、不動産投資信託(J-REIT)などを買い入れることを「基金オペ」と称し、日常的な短期の金融市場操作である「輪番オペ」と区別していた。白井の提案はこれらを統合し、もっと期間の長い国債を買って、金利全体を押し下げることを狙っていた。

結局、採決の結果、賛成は提案者の白井だけ。ほかの八人は反対に回った。

審議委員が提案を出すことはよくある。しかし、これは波紋を呼んだ。

白川は前倒しで辞任することが決まっているので、任期は残り少ない。後任として入ってくる黒田は明らかに白川の方針を否定する。明確なインフレターゲットを打ち出してくるのは間違いない。白井の提案にあったように、より期間の長い国債の買い入れなどが行われることは確実だし、基金オペも廃止されるだろう。

「白井さんは間もなく入城してくる黒田さんにおもねって提案を出したのだ」

そんな行内の声が白井の耳に入ってくるまで時間はかからなかった。

「一生懸命やっていると思ったのに、評判を落としたね」と言う日銀マンもいた。

これらの声は白井を傷つけた。日銀の政策を向上させる、それを白川退任のタイミングで出しただけだと主張したが、日銀内の「世論」はそうは受け取らなかった。

白井は記者会見を開きたいと考えた。自分に対する誤解を解きたいと思った。そしてその思いを執行部にぶつけた。

「記者会見をさせてください」

執行部の答えはきっぱりとしたものだった。「だめです」

提案を出した審議委員は過去に何人もいる。しかし、彼らはそのときに記者会見などしていない。前例がなかった。審議委員が記者会見を行うのは地方へ講演に行ったときに限られる。白井はその年の六月一三日、北海道・旭川に行くまで待たねばならなかった。

講演を行い記者会見に臨んだ白井は、自分が三月に出した提案はそれまでに感じてきた問題意識の集大成であり、それを取りまとめただけであること——などと弁明した。

金融のプロである審議委員たちは己の良心に従って、正しいと思う政策を提案できる。しかし、時として政策的な主張は人間的評価を伴い、後味の悪いものへとなった。

白井はこう話している。

「私は常に国民や市場とのコミュニケーションを重視して、日銀の中でできる限りのことをしてきた。体制が変わる緊張の中でいろいろな誤解が生じた時期もあったが、結果としてその後、日銀のコミュニケーションも改善できた。当初の誤解も解けて、信頼関係の中でいい仕事ができたと思う」

# 第9章　異次元へ

国家意思が貫徹されていくときは官僚機構というフィルターを通っていく。その途中で彼らが——自らの省益をかけながら——政策を付け加えたり差し引いたりするのは日常だ。アベノミクスの第三の矢である規制緩和を中心とした成長戦略も同じような経路をたどった。一方、いったんは官僚機構にブロックされた金融政策をめぐる権力者の意向は、人事という〝飛び道具〟を使って実現されることになる。国会で与党が圧倒し、チェック・アンド・バランスの機能していない現在の政治システムの中で、強い首相が出現したとき、その政策運営を抑制するのは難しい。

## 焦点はGPIF改革

アベノミクス第三の矢で最初の主戦場になったのが、年金積立金管理運用独立行政法人（GPIF）をテーマにした厚生労働省包囲網だった。

地下鉄の虎ノ門駅を降りて、霞が関方面に歩いていくと、すぐ右側に小さな広場が見えてくる。広場に面したビルは何の変哲もないオフィスビルだ。

道路を挟んで見えるのは旧文部省の建物。そしてその隣に五階建ての財務省が見える。

そんなロケーションのビルには、GPIFという世界でも指折りの資産集団が入居していた。民主党から自民党に政権が交代するころのことだ。

二〇一三年一月、このGPIFをめぐって激しい駆け引きが繰り広げられていた。一方の当事者は金融庁と内閣官房。もう一方は厚生労働省だ。

金融庁の総括審議官だった森信親《のぶちか》の強烈な個人的体験は、ニューヨーク駐在時代に資産運用のプロたちの行動を目の当たりにしたことだった。森は、金融で日米一番の差は資産運用の技だとみていたし、周辺にもそのことを話していた。

当時アベノミクスが始まったころ、森の近くにいた関係者はこう話す。

「森さんは、日本は資産があるのに運用の仕方が下手だと繰り返し強調していた。当然視線の先にはGPIFの改革があった」

年明け早々の一月三日、内閣府に「経済対策にこの問題を加えてほしい」と要請した森に加え、内閣官房にできた日本経済再生本部総合事務局もGPIF改革を志向し始めていた。

その中心人物となったのは経産省出身の赤石だった。内閣官房というのは各省の連絡調整にあたり、トップは官房長官が務める。その下に政務担当として二人の政治家と事務担当として官僚出身の官房副長官がいて、実務は官房副長官補が仕切ることになっていた。官邸主導のスタイルが定着すると、内閣官房は肥大化し、このポストの力も大きくなっていた。

安倍政権発足直後は、菅官房長官の下に事務の官房副長官として杉田和博が入り、副長官補に財務省出身の佐々木豊成がいるという布陣だった。赤石たちは佐々木の下に組み込まれ、成長戦略を練ることが主な任務となった。その中で姿を見せてきたのが公的資金の活用だった。

そもそも一〇〇兆円を超える運用をする機関が、国債だけ持っているなんてブラックジョークだ。金利が上がれば価値が下がる。デフレ脱却後に備えてポートフォリオ（資産構成）のバランスが必要になる——。金融庁や再生本部事務局の官僚たちはこう考えていた。

アベノミクスの第三の矢の象徴にできないか——。こう思った官僚もいた。

日本の政策形成の特徴の一つに「雰囲気」がある。誰かが意図的に火をつけたとしても——この場合は金融庁や再生本部事務局だったが——その煙が広がり、霞が関はもとより永田町などにも、その政策形成への機運が高まっていく。

特にこの問題は昔からくすぶっている。経済界もより積極的な運用を主張していた。

アベノミクスの追い風を受けて、一挙に事態を展開させようという雰囲気が強くなってきた。しかし、GPIFの所管は厚生労働省だ。「金融庁はこの問題の所管外」という強い不信感が厚労省にはあった。たしかにGPIFは資産だ。しかし、それは年金という国民の老後を支えるためのきわめて貴重な資金の塊でもある。投機の食い物にされるわけにはいかないとも考えられていた。

ただ、森以下の金融庁は意に介さなかった。財務省や内閣府を巻き込みながら話を広げていった。再生本部に出向してきた財務省出身の飯塚厚も加わり、赤石らは金融庁と話を始めた。

「実働部隊を金融庁がやってくれるなら厚労省と喧嘩しましょう」

資料作成や細かな事務、根回し作業など、政策変更にはエネルギーが必要となる。内閣官房にはそれだけの手数がない。それを金融庁が引き受けてくれるなら、というわけだ。結局、GPIFの議論はとりあえず産業競争力会議を表舞台にすることになる。

対する厚生労働省は年金局が交渉の当事者になる。

彼らにしてみると、「年金の金で何かできないか」という話は常に存在した。

「株に回せないのかとかいうことは、しょっちゅう言われていた」と厚労省幹部は振り返る。

「もともと年金で積み立てられた金は資金運用部資金で運用されていた。つまり財投金利で回していた」

旧厚生省自身が「自主運用」を求めていた時期もあり、財政投融資の維持を図ろうとする旧大蔵省と激しく対立した。

年金福祉事業団を母体とするＧＰＩＦが二〇〇六年に誕生した後も、「安全確実な運用を目指すべきだ」という意見と「もっと株を買って収益拡大を図れ」という要望との板挟みになるのが常だった。

この路線対立は民主党時代も存在していたので、厚労省にとってＧＰＩＦの資金をどう運用していくかの議論には慣れていた。

当時は国内の債券・株、海外の債券・株でポートフォリオを組むことになっていた。ポートフォリオというのは金融商品の組み合わせやその比率を意味し、どんなものをどれくらいの割合で有しているかを示す言葉だった。ＧＰＩＦの場合、国債は「六七％を中心に上下八％」が許容され、二〇一二年一二月末では六〇・一％だった。

自民党からも圧力がかかった。あるときは、ベンチャー企業に資金がいくように五％くらいの資金を回せる仕組みを考えるべきではないかという議論になった。厚労省が「日本のベンチャーマーケットは一兆円くらい。ＧＰＩＦの五％は六兆円になる。そんな投資先はない」と指摘すると、自民党側は「ニワトリと卵だ」「これができていないのは、お前らがしばっているからだ」と主張した。

森を先頭にした金融庁、内閣官房、内閣府、そして自民党の動きを、年金局長の香取照幸らは冷静にみていた。厚労省幹部はこう指摘している。

「金融庁は、貯蓄から投資へ、をどうつくるかを考えていた。日本は家計部門が黒字で企業部門も黒字。政府部門は赤字。リスクマネーが流れないので、どこかでお金の流れを変えないといけないと発想したようだ」

一月一一日の緊急経済対策に「公的・準公的資金のより高度な運用・リスク管理体制の構築に向けて、各資金の規模や性格に見合った改善策を検討する」と明記されたGPIF問題は前哨戦を終え、議論は次第に熱を帯びていく。

## 「ばくちに使うのか」

一月二三日に第一回の産業競争力会議が開かれた。その席で金融担当大臣でもある麻生がこう発言した。

「公的年金の運用の改善などについても、一様に国内債券などに投資されていますが、眠っている公的年金・共済等々の公的資金または準公的資金についても、従来の運用を見直すべきではないかと考えています。国民が許容するリスクの範囲内で、成長分野への資金を振り向けていけば、投資リターンの向上のみならず、日本経済の成長にも寄与するものと考えます。こうした資金を所管する複数の省庁が連携をして検討に着手する必要があると考えており、ぜひ民間の専門家・有識者の知見もお借りしたいと思います」

当然この振り付けは金融庁の官僚たちが行っている。大臣もその通りだと思ったから発言に結びつくのだが。

次第に議論は収斂していった。六月にまとまる予定の「日本再興戦略」にこの問題をどういう形で記載できるのか――。

一月の第一ラウンドで厚労省の防御に穴は開いたが、最終的に何も動いていない。事態は六月に向けて第二ラウンドに入っていく。厚労省に対する揺さぶりは続いた。

四月三日に開かれた産業競争力会議のテーマ別会合では、みずほフィナンシャルグループ社長の佐藤康博がこう言った。

「現状のままで年金制度が成り立つなら平和な世界が築けるが、とてもそんな状態ではない。このままではゆでガエルになることがはっきりわかっている」

安倍政権のデフレ脱却が実現すれば、当然金利は上昇していく。国債の市場金利も上がるが、それは国債の価格が下落するということを意味する。つまり、金利上昇局面では、GPIFが抱える国債には含み損が生じてしまうという警告だった。

このころ厚労省の中ではこんな見方が出ていた。

――初期の円安を演出したのはたしかに政策的効果だろう。それで株価が上昇したが、誰が株を買っていたのか。明らかに外国人機関投資家だ。外資の買い越しで上がった。しかし、彼らは必ず売り抜ける。そのときに買い支える人が必要になる。それを官邸にささやく人がいたのだろう――。

つまりGPIFは外資が売ろうとしていた日本株を買い支える役割を負わされる、アベノミクスを支えるため公的年金が材料にされるというわけだ。

GPIF改革は結局株価を上げたいからだろう――。

「国民の貴重な財産をばくちに使おうというのか」という見方は最後までくすぶり続けた。

## 世界の常識

花見の季節も過ぎ、大型連休が近づいていた。

なんとなく世の中が浮かれて見えるこのころ、霞が関でＧＰＩＦをめぐる議論が本格化していた。

四月末、この問題で先頭に立って動いていた金融庁の森が厚生労働省年金局長の香取を訪ねた。初めての正式な面談だった。最初は香取が金融庁に行きたいという申し出だった。

これに対して金融庁側はすぐに「こちらからお邪魔させていただく」と返答し、森の厚労省訪問になった。

森の部下たちは、本来所管外の話で火をつけて回っている金融庁に抗議してくるのかと考えた。「黒幕に直談判したいということなのだろう」と思った官僚もいた。

金融庁側は、外国の年金とのパフォーマンスの違いなどを話した。多くの国はもっと弾力的な運用をしている。「カルパース（CalPERS）」の名前で有名な米カリフォルニア州公務員年金基金は五〇％を株式で運用していたし、オランダ公務員総合年金基金は「国内債券」の比率が五・六％だ。ＧＰＩＦの運用は世界の常識からあまりにずれている――と。

話は行ったり来たりだったが、最初、厚労省側は原則論で譲らなかった。

もともと年金の運用は「加入者の利益」にならないとダメだという原則があった。それ以外のことは「他事考慮」と言って、あってはならないことだ――。

そして「この話はそもそも当省の仕事であり、われわれが責任をもってやっていく」と強い姿勢だった。それにしても、なんで金融庁なのか、仮に関係があるとしても各省庁にわたる問題の調整は内閣官房の仕事だ。彼らから何か言ってきたことはない。

「どうして内閣官房の方がいらっしゃらないのですか」

香取のこの疑問を聞いたことから、内閣官房に置かれた日本経済再生本部の次長でこの問題を担当する赤石が、森・香取会談の直後の四月二六日夕刻に出かけていった。

四月の初めごろから、金融庁と厚労省の本格的なやり取りは始まっていた。主に電話ではあったが、何度かの会話の中で厚労省側は「ポートフォリオの見直しを考えている」「まかせてくれれば考える。政治問題化させないで目立たずひっそりとやるべきだ」という趣旨の話をしていた。詳しい説明はなかったが、金融庁や内閣官房も、厚労省がゼロ回答ではないというのはよくわかっていた。

四月二六日の会談で赤石はむしろ聞き役に回る。香取は、「年金は大変なんだ」と繰り返したが、話すうちに「ポートフォリオのこの部分を増やせと具体的に言ってもらわないと困る。ふわっと見直せと言われても困る」という趣旨のことを主張した。

官僚は自らの公式な立場と内心考えていることとの間に微妙な違いが生じることがある。このとき厚労省を訪ねた赤石の報告を聞いた関係者たちは、言葉の端々から香取の内心を感じ取ることができた。「この人はわかっている」と。

厚労省も改革が必要であることは理解しており、あとは程度問題――という認識が共有された。内閣官房・金融庁連合との議論の焦点は、GPIF見直しのための有識者会議を立ち上げるかどうか、立ち上げるとしてメンバーはどうするのか、事務局はどこに置くのかなどに移っていった。

## 大筋決着

四月以降に本格化した厚労省との話し合いの中で金融庁が奇策に出た。それまで総合政策室長だった油布《ゆふ》志行《もとゆき》に「内閣官房日本経済再生総合事務局参事官」の兼任を発令した。油布はそれまでGPIF改革を先頭に立って訴え、森を支えて実務を仕切っていた。

その人物が内閣官房と兼任になる。つまり「金融庁の人間が何の権限があってそこまで首を突っ込んでくるのだ」という厚労省のロジックを逆手にとって関与しやすくしたわけだ。

内閣官房の面々は首相官邸前の合同庁舎にオフィスを構えている。しかし油布には、そのビルに机も電話もなかった。名刺に刷られた住所と電話番号は、金融庁のものだった。兼任は形だけのもので、「金融庁の官僚がなんで」という厚労省の反撃をかわすための方策だった。

森と油布をはじめとする金融庁と内閣官房でこれを支える赤石たちは、攻勢をかけた。次第に論点は絞られてきた。「GPIF改革のための有識者会議の設置」。これを六月の「日本再興戦略」に盛り込むかどうか。金融庁と厚労省は話し合いを続けた。

最後の山場は五月一四日だった。内閣官房に置かれた日本経済再生本部の総合事務局次長だった財務省出身の飯塚厚と厚労省の香取との会談が開かれた。飯塚は筆頭格の次長として全体を指揮していた。

「GPIFの運用で誰が責任をとるのか」「金融庁が言い出しっぺになっていて、彼らは資本市場の活性化ということを言っているが、それがなんでGPIFなんだ。論理が飛躍しているのではないか」

香取の口からは、それまでのうっぷんを晴らすように批判や不満が飛び出したが飯塚はじっと聞いていた。

会談開始から一時間後、最終的に香取は「有識者会議の設置はいい。話を大臣に上げる。ただ、書きぶりについては自分にも相談してほしい」として、有識者会議の設置に同意した。そしてその会議の事務局も内閣官房に置かれることになった。事実上、運用の構成を変える方向に舵が切られた。

問題の背景には様々な思惑があり、ある者は株価のことを頭に描き、ある者は日本の金融市場活性化を意識し、またある者は年金財政を現状維持とすることへの危機感をもった。

このあとも時間はかかるのだが、結果的にＧＰＩＦの運用は改変されることになった。

中心的な位置で関与した官僚はこう話す。

「株価対策という認識がなかったと言えば嘘になる。ただ、誰かが明示的にそのようなことを言ったことはない。物価目標も決まり、そのまま国債中心という今までの運用ではよくないのではないかとの危機感を抱いていたのも嘘ではない」

また別の幹部は「株を買う道具とみられたことは、本意ではなかった。ＧＰＩＦ問題のボタンの掛け違いだった。もちろんそんなことはなかったし、この問題で官邸から直接何か言われたことはない」と話す。

一方、厚労省でＧＰＩＦ問題を担当した責任者の一人はこう振り返る。

「資本市場や金融市場に資金が流れるようにしなければいかんという問題意識はわかるのだが、推進派はまず公的な資金を流せと言う。でもなぜＧＰＩＦが最初なのかは最後までわからなかった。本当は民間の機関投資家からやるべきではないのか。それは今でもそう思う。金融庁にしてみればアベノミクスは使えた。彼らはそれにうまく乗ったのだろう」

米系証券会社の幹部は当時を振り返ってこう述懐する。

「あのころ、外国人投資家はみんな興奮していた。選挙前からの安倍さんの発言ですでに市場は動いていたが、一月の政府と日銀の共同声明、二月の日銀総裁人事決定、四月の異次元緩和と、次々に動きが加速した。いつもノロノロしている日本の意思決定に、あのスピード感は珍しいという受け止め方だった。ただ、投資家は世界全体でものをみる。どこかで損が出れば当然日本で利益を確定させて埋めていくということになるだけだ」

財務省の統計によると、二〇一三年の外国人投資家による日本株取引は、一六兆円弱の買い越しとなっていた。

結局GPIF問題を含むアベノミクスは株式市場の格好の材料となった。

六月五日には日経平均株価が前日比五〇〇円を超える下げ幅を記録した。その日昼に行われた安倍の講演で、「第三の矢」の中身が新鮮味に乏しいと判断されたためだ。

「この政権は株式市場の動向にことのほか気を遣っている」とみていた経産省幹部にも官邸の慌てぶりが伝わってきた。「株価に振り回されるのは本末転倒なのだが」

## ＡＤＢ総裁をめぐる駆け引き

ＧＰＩＦ改革の議論が本格化する少し前の二〇一二年二月、大蔵省財務官を経験し、アジア開発銀行（ＡＤＢ）の総裁を務めていた黒田東彦《はるひこ》が、第三一代日銀総裁に指名された。

次期日銀総裁をどうするか――。財務省が動き始めたのは解散直後だったので、一二年一一月後半ということになる。まだ白川の任期切れまで半年近く残ってはいたが、国会の承認プロセスを考えれば一月か二月までに目途をつけねばならない。決して早いとはいえなかった。

財務省は当初、元事務次官の武藤敏郎を推した。不祥事に揺れ、山一證券などの巨大金融機関が相次いで倒れ、金融部門が分離・独立させられるという、この役所にとっては激動の時代を乗り切った官僚だ。〇三年からは日銀副総裁を務め金融政策にも不案内ではない。

一度、〇八年の総裁選びで副総裁からの昇格を国会に提示されたが、当時野党だった民主党の反対で取り下げられた経験をもつ。総裁へのチャレンジは二度目だ。

後輩たちの「出馬要請」に武藤は乗り気には見えなかった。少なくとも積極的ではなかった。

事務当局から「武藤総裁案」を聞かされた麻生は、関係者によると、何回か安倍に話をしたが、結果としてことはうまく運ばなかった。安倍は最後まで首を縦にふらなかった。

このとき安倍の中には、すでに黒田が意中の人として存在していたと周辺は言う。一月中旬ごろ、参与の本田が「黒田さんが有力候補だと思う」と自分の考えを伝えると、安倍はすでに黒田の履歴や考え方もよく知っていた。

安倍が黒田を最有力とみていることを知った本田は、黒田の論理が一貫していて反対意見に対してもきちんと説得できることが決め手になったと感じていた。しかも国際的な場で日本の金融政策を自分の言葉で説明できる。デフレ脱却は前例のない政策なので、信念の持ち主でないと乗り越えるのが難しい。そういう点が評価されたのだろうと本田は思った。

一つだけ気になるのは、黒田が座っているADB総裁ポストのことだった。地域の開発金融を担い、インフラの整備などに貢献しているADB総裁の座を中国が狙っているという情報は常に入ってきていた。

黒田が日銀に来れば、後任選びとなる。中国が名乗りを上げる可能性は十分にあった。財務省内には「抜き打ち的な人事なので中国は準備が整わない」という見方もあったが、官邸は気にかけた。

作戦が立てられた。黒田の日銀総裁決定発表をギリギリまで延ばす↓二月二八日に発表し正式に国会に通告↓ADB総裁ポストの立候補者受付を三月七日に設定するとともに日本が推す公認候補を発表↓三月下旬に投票開始――というスケジュールだ。

財務省の中では、すでに財務官の中尾を後任のＡＤＢ総裁候補にすることが内定していた。実はＡＤＢ総裁選に絡む駆け引きは、「黒田日銀総裁内定」が日本のメディアを賑わせていたころから始まっていた。中国は二月二六日前後から日本が次にどのような候補者を出すのか探ってきていたし、逆に中国のことを探っていた日本は「どうも彼らは候補者を立てそうにない」という感触を得ていた。

財務省は三月一日には、米国、韓国、豪州、英国、ドイツなど、中国を除く地域内、地域外の有力加盟国に対して一斉に「中尾支持」の要請を秘密裏に開始。そして作戦通り三月七日に、麻生が中尾の立候補を正式に発表した。中国は対立候補を擁立せず、中尾は第九代ＡＤＢ総裁に就任した。

## モデルを回す

日銀総裁に決まった黒田は現役時代、主税局や国際金融局（現・国際局）を歩き、国際経済政策を統括する財務官を務めたあとＡＤＢ総裁になった。

官僚時代から哲学を語り、数学を愛する異能の人と評価されていたが、デフレはマネーの現象という主張を繰り返しているとも受け取られていた。

副総裁には岩田規久男と中曽宏が選ばれた。岩田は学習院大学教授で、以前からリフレ派の教祖的存在として知られていた。総裁候補にも名前が挙げられていた一月一三日には、自民党の山本幸三が中心となった「デフレ・円高解消を確実にする会」に出席、「確認しておくべきこと」として「金融政策だけでデフレと円高は解消できる。成長戦略や構造改革などはデフレ・円高の解消とは関係ない」と明記したペーパーを配った。これをみたある関係者は「そんな単純なものなのかな」と首をひねった。

中曽は日銀理事からの昇格だが、国際的なワーキンググループの議長を務めるなど、各国に知己は多かった。

そして金融政策の実務を取り仕切る理事には、雨宮正佳《まさよし》が大阪担当理事から呼び戻された。雨宮は昔から「企画ライン」と呼ばれる主流を歩いてきたことで、行内的には有名な存在だった。一月の共同声明を取りまとめた門間は中曽の後任として国際担当理事に回った。

すでに国会での「所信聴取」などを経て、正副総裁候補がそれぞれどのような考えをもっているのかは公になっていた。

黒田の国会での答弁は官僚出身らしくスキのないものだった。しかし、その中にも「市場の期待に働きかけることが不可欠」「二%の物価安定目標というのはグローバル・スタンダード」

「(目標達成は)できれば二年というのがいいことだ」――などという回答をちりばめて、リフレ派的な政策への転換を予告した。

一方、学習院大学教授から転じた岩田は二年で二%が達成できなかった場合の責任を問われ、「辞職すること」と答えた。通常の官僚答弁の枠を超えた大胆な内容だが、この答えはのちに岩田自身を苦しめることになる。

ややニュアンスに差はあるものの、黒田と岩田は物価目標である二%の達成年限について二年という具体的な年限に触れたが、さすがに日銀出身の副総裁候補の中曽は国会でも「二年」という年限には触れずに答弁を繰り返した。「この人は二年での達成を難しいと思っているんだな」と受け取られたが、事実、中曽は年限を区切ることには慎重であるべきだと周囲に伝えていた。

三月一八日の月曜日。黒田体制が事実上スタートする日に当たる。

しかし、ここから始めていては十分な時間がとれない。

「日銀は優秀なテクノクラート集団だ」と多くの幹部は自画自賛するが、実際頭の切れる若手や中堅はそろっていた。彼らは準備に着手する。

「一月から総裁人事を含めた情勢は見えていた。準備をするのに時間がないわけではなかった」とある幹部が言うように、すでに事務方は様々なシミュレーションを実施していた。それは「モデルを回す」「回帰分析を示す」などという経済学的な表現で語られた。

どんな措置を実施し、どのくらいのお金を市場に投入すれば物価は二%になるのか。そうなるまでの時間的経過はどの程度なのか。

黒田体制が正式に発足し、その準備は加速した。正副総裁や企画ラインの幹部たちは休日もつぶして準備を進めた。ただ、のこのこ日銀に出かけてメディアにつかまると面倒だというので、赤坂の氷川分館が使われたこともあった。

金融政策は「オペレーション」と呼ばれる日々の金融市場操作で、何を目標にして作業を進めるのかを示す。これが「誘導目標」と呼ばれた。一昔前は日銀から市中銀行への貸出金利である公定歩合が誘導目標となったし、〇一年から初めて導入された量的緩和は日銀の当座預金残高を目標にした。また、白川日銀最後の一三年三月の金融政策決定会合での誘導目標は「無担保コールレート(オーバーナイト物)」というきわめて短い市場金利だった。

黒田以下の新体制で、この誘導目標を変えることが決まった。

示されたのは「金融市場調節の操作目標を、無担保コールレート(オーバーナイト物)からマネタリーベースに変更すること」として「マネタリーベースが、年間六〇〜七〇兆円に相当するペースで増加するよう金融市場調節を行う」ことになった。

これは、金利からお金の量に目標を変えることを意味した。

日銀は以前、二〇〇一年から〇六年まで量的緩和を実施したことがある。このときは世界でもあまり前例のない試みだったが、同じ量でも今度はマネタリーベースに変えるという。市中に出回っているお金と各銀行が日銀にもっている当座預金残高の合計だ。

二〇〇一年のときは当座預金残高を目標にした量的緩和だった。しかし、今度は違う。

当座預金残高は外部に対してわかりにくい。その点、マネタリーベースは経済学の教科書にも出てくる。日銀幹部は「普通、経済理論に出てくるのはマネタリーベースだからね」と説明するが、当座預金残高を知らない市井の人々にとって、マネタリーベースもまったく耳にしたことのない単語だった。

マネタリーベースを増やすことで二％を達成する。黒田や岩田は二年でと思っていた。二年で二％の物価上昇を得られるには、日銀の俊英たちがはじき出した計算によると、マネタリーベースを年間六〇〜七〇兆円規模で増やしていかなければ無理だと結論づけられた。これまで日銀が行ってきた量的緩和とは桁が違う世界だった。

それだけに、いきなりお金の量を六〇〜七〇兆円増やすと言われてもピンとこない。おそらくきわめて大きな衝撃が市場に走るとみられた。

「心理を変える」「期待に働きかける」

これらがキーワードになっていくのだが、審議委員の説得は時間のかかるものとなった。

## サプライズ作戦成功

審議委員は日銀執行部の操り人形ではない。一九九八年施行の新日銀法でこの点は注意が払われていた。とはいっても決定会合の議長は日銀総裁が務める。総裁の見解は執行部との打ち合わせを経たものが少なくない。つまり審議委員にもそれとなく方針を伝えておかないと、その場で議論が混乱することにもなりかねない。執行部は各審議委員に説明を始めた。

このころ、多くの委員は「もっと何かやるべきではないか」と思い始めていた。審議委員の一人だった木内登英《たかひで》は日銀内の雰囲気をこう話す。

「黒田さんが来る前から積極的な政策に対する支持の基盤はできていた。政治や世論の圧力をかわすのがいいと。その強い要請を否定しないというのがカタストロフィックな結論を招かなくていいのではないかという発想がベースにあった」

執行部の説明に賛意を表明する委員が相次いだが、木内は違った。

「二％に根拠はない。各国二％に設定したと言っているが、そんな国際基準はない。若者と老人で平熱が違うように、成熟した経済で二％が適当なのかどうかはわからなかった」

木内はこう振り返る。

四月四日、金融政策決定会合も二日間の日程をこなし最後に採決となった。採決するべきことはいくつかあった。まず、誘導目標の変更を審議にかけた。白川日銀では「コール市場の金利を〇％から〇・一％とする」という市場金利を誘導目標にしていた。しかし、黒田体制最初の会合ではこれをマネタリーベースに変更することが提案された。「年間六〇兆円から七〇兆円に相当するペースで増加するよう金融調節を行う」という内容だ。

これには審議委員全員が賛成した。

議論になったのは二％の達成時期に関する「二年」という部分だった。各委員に示された文書をよく読むと、この部分は二重構造になっている。

「二年程度の期間を念頭において、できるだけ早期に実現する」

この表現は前半が「二年」という期間を示し、「できるだけ早期に」という後半と分けてある。岩田などは強く「二年」を主張したのだが、この表現は一種の妥協なのだと、この文書作成に関与した関係者は話す。

二年で本当にできるのか――という慎重な見方も反映させた文書にして、審議委員の賛同を得やすくした。しかし、それでも反対は出た。

審議委員の木内だ。反対の理由をエコノミスト出身の審議委員はこう説明した。

「二％の物価安定の目標を二年程度の期間を念頭において達成するには、大きな不確実性がある。そうした中で「量的・質的金融緩和」が長期間にわたって続くという期待が高まれば、金融面での不均衡形成などにつながる懸念がある。「量的・質的金融緩和」の継続期間は二年程度に限定し、その時点で柔軟に見直すとの考えを明らかにするべきだ」

そして二年程度で達成するのではなく、「二年程度を集中対応期間」とするという議案を提出した。つまり、二年で二％は難しいのではないか。むしろ中央銀行が二％を目指すという意思を明確にしていることを明らかにしたうえで、二年を「集中対応期間」とすればいいのではないかというわけだ。

議案の提出は必ず採決に付す。結果的に木内の提案は一対八で否決された。

白川が一月に政府との共同声明を発表したときにも木内は反対していたが、もう一人反対票を入れた佐藤健裕《たけひろ》はこのとき賛成に回っている。

一月の決定で二％の目標設定に反対したのに、四月ではなぜ賛成したのか。

佐藤はのちにこう話している。

「二%の物価安定の目標を掲げる日本銀行の金融政策の枠組みも柔軟なものであり、二%をピンポイントで達成することを目指すものではなく、二%を「安定的に達成」することに主眼をおいたものと私は理解している」

佐藤は、二%の目標は高すぎるという考え方に変化はないが、二%が機関決定されたのでいつまでも否定し続けるわけにはいかない、機関決定されたものについてはいかに実現するかを考えるのも審議委員の役割だということを言いたかった――と周辺に語っている。

もう一つ、審議委員の何人かが明確に意識したのは「サプライズ」だ。

それまでは市場からの催促を受ける形で政策変更がなされていたが、もし、黒田体制下初めての会合で、「二年二%」という目標が示されれば、市場はその過激ともいえる内容に仰天する可能性があった。

特に四月は二回、決定会合が予定されていた。市場関係者の多くは、準備が間に合わないので何かあるとしても、二六日に予定されている二回目の決定会合で行われるのではないかとみていた。それだけに今回、黒田の新しいイニシアチブを初回の会合からぶつけるのは意味のあることだった。

ただ、過去の採決で示した議案への賛否との整合性や継続性という観点からみたとき、この決定に疑問をもつ人は少なくなかった。審議委員の多くは揺れていたと振り返る日銀幹部もいるが、金融政策が難しい局面に入れば入るほど、審議委員は日銀の内と外から批判にさらされることになる。

重責だ——。ある委員の言葉には実感がこもっていた。

この決定会合には一月と同様、甘利も政府代表として出席していた。最後に意見を求められた甘利はこう述べた。

「補正予算成立から約一か月でほぼすべての事業が着手され、四〇件超の事業がすでに契約され実際に動き始めた。三本の矢のうち、機動的な財政政策が快調に軌道に乗りつつある」

「日本銀行には共同声明の通り、二%の物価安定目標をできるだけ早期に実現するよう大胆な金融緩和を強く期待する。目標の達成への筋道をしっかり描き、経済財政諮問会議等で説明責任を果たしてほしい。あらゆる機会を活用した政府と日本銀行の連携強化が重要である。日本銀行が新体制の下で、物価の安定を図ることを通じて国民経済の健全な発展に大いに貢献することを期待する」

結果的に黒田総裁が初めて臨んだ決定会合では反対が一人だった。

ただ、「二年を念頭に」プラス「できるだけ早期に」という妥協の表現は、結果的に二年という数字だけが前に出ることになった。それは、この決定直後の記者会見で黒田がパネルを使って「二%」「二年」「二倍」と二を並べたためだ。

いかめしい中央銀行総裁の記者会見でパネルを使うなどは一昔前にはなかったことだが、レクのやり方は副総裁の中曽や理事の雨宮など日銀に古くからいる幹部も了承済みの措置だった。国民への広報の仕方で「二」を並べたのは斬新なアイデアではあった。しかし、数字が独り歩きし始めるのに時間はかからなかった。

この異例の決定に市場は敏感に反応した。審議委員の何人かが意識していたサプライズの効果が早くも表れた。この四月四日の市場は日銀の決定が伝わった直後から急騰した。長期金利は過去最低を九年一〇か月ぶりに更新し、一時〇・四二五%に。日経平均株価も二七二円三四銭上がり、為替相場は前日比二円超の円安となった。

この決定には意外な反応があった。それは日銀内部からだった。

ある幹部は「反転攻勢」と表現した。今までは独立性を盾にとりながらも政府や政治家に押し込まれて「日銀法を改正するぞ」と脅され、小出しに政策展開して自分でメニューの範囲を狭めていた、今回の異次元緩和は政府から「やれ」と命じられたものではない、自分たちの自主的な判断だ――。

日銀の一部には言い知れぬ高揚感も漂っていた。

七月一日、日銀が六月の全国企業短期経済観測調査、いわゆる日銀短観を発表した。「企業の景況感を示す業況判断指数(DI。「良い」と答えた割合から「悪い」の割合を差し引いた値)は、大企業製造業でプラス四と、前回三月調査(マイナス八)から改善した。2四半期連続の改善で、二〇一一年九月調査以来一年九か月(7四半期)ぶりにプラス圏に浮上した。DI改善幅(一二)は一〇年六月調査(一五)以来、三年ぶりの大きさ。三か月後の先行き見通しは、プラス一〇となった」(二〇一三年七月一日、時事通信配信)

日本を苦しめた円高は去りつつある。株価も順調だ。産業界の景気見通しも強い。為替の問題はあったが、国際的にも何とか認知された。

官房長官の菅は会見でこう自信を示した。

「アベノミクスの政策効果が浸透し始めている。今後も大きな期待が寄せられているということじゃないでしょうか」

物価上昇は二%に達することなく、実質賃金もなかなか上がらず、格差も縮小しない。首相の経済政策の出発点となった金融政策では、異常な緩和に伴う矛盾が徐々に、徐々に、中央銀行に集積されていく――。

しかし、これらのことは、この段階であまり想像されていない。

政権の政治家、官僚機構の高官、そして一部の日銀関係者たちは、「スタートダッシュに成功した」という政治的な美酒に酔っていた。

# 終章　「アベノミクス」とはなんだったのか

## 「繁栄のようなもの」

アベノミクスの開始から五年が経つ。その後の日本経済はどうなったのか。

一万円前後だった平均株価は二万円を超え、為替は三〇円近く円安に。また「名目GDP（国内総生産）が五〇兆円増えた」は安倍の口ぐせになり、GPIFの運用資産額も約一五〇兆円にまで拡大。有効求人倍率は一を超え、失業率も戦後最低レベルで、企業の人手不足は深刻な状況だ。

安倍は二〇一七年九月二五日の記者会見で衆議院解散を表明した際、こう強調した。

「五年前、国民の皆様のお力を得て政権を奪還しました。当時、私たちが公約に掲げた大胆な金融政策には大変な批判がありました。しかし、総選挙で勝利したからこそ実行に移すことができた。アベノミクス三本の矢を放つことで日本経済の停滞を打破し、マイナスからプラス成長へと大きく転換することができました」

その一方で、この経済の復調は多くの国民にとって「実感がない」とされている。雇用の回復は非正規就労が中心で、賃金は上がらず、相対的貧困率や生活保護受給者数も高止まりしたままだ。お金の循環は企業で止まってしまい、恩恵が国民に行き渡っていないという状況が続いている。このことには政権も危機意識を強めているようで、「三％賃上げ」という計画経済のような号令が響いている。

アベノミクスは大幅な金融緩和を出発点にしているのだから円安になるのは当然だろう。同時に、GPIFや日銀が株式購入者として市場での存在感を強めていることが株価を下支えしているという認識も一般的だ。

この「繁栄のようなもの」が巨大なリスクの上に乗っていると指摘する識者も多い。日銀は四〇〇兆を超える国債を抱え、金利は市場の自律的調整機能を果たしていない。消費税の引き上げを二回にわたり見送ったこともあり、財政赤字は拡大の一途だ。

そして、アベノミクスで最も強調された「第一の矢」をみれば、いまだに物価目標の二％に届いていないという現実がある。白川がいやいやのみ込み、黒田が積極的に打ち出したインフレターゲットは、高い壁のようにそびえたっている。それでも日銀は手を緩めない。まるで自縄自縛に陥っているようだ。

金融と財政の組み合わせはマクロ経済政策の常道。双方で緩和的な姿勢をとり、規制緩和思想を色濃く打ち出した「第三の矢」を飛ばそうというのがアベノミクスだったのだろう。しかし、賃上げ要請に示されたようなその強権的な姿勢は結局「第三の矢」の理念を自分で塗りつぶしてしまい、性格づけを困難にしている。

ただ、アベノミクスの推進者だったエール大学の浜田はこう評価する。コメントの中に登場する「イールドカーブ・コントロール」というのは、一六年九月に日銀が導入した長期金利と短期金利を同時に制御しようという試みのことだ。浜田は財政政策で以前とはスタンスを変えている。

「物価は予想されたようには上がっていないが、そのほかの経済指標は信じられないくらい改善されている。雇用や企業収益も増大した。うまくいっているのだから、現在の路線を変えるべきではない。この間、消費税三％上げが経済に対して相当のショックだった。三％の落差を売り手と買い手に与えるのは、やはりきわめて大きなインパクトがあったようだ。（量的緩和により日銀がマネーの）量だけ出してもだんだんと効き目が弱くなっている。イールドカーブ・コントロールは金利構造をうまく制御したが、適当な財政政策の助けがないと経済は回復しない。消費税上げは一％ずつにするなら影響は弱まるのではないか」

一方で日本を代表する経済学者の一人は、匿名を条件に厳しく指弾する。

「安倍さんが野党の党首とはいえ日銀のあり方を（二〇一二年の）選挙の争点にして連呼する姿は異様だった。マネーを増やせば物価が上がるという考え方にも賛成できない。政策決定も首相の取り巻きたちが変なことを吹き込んでいる。そしてそんなおかしな情報をもとに強引に政策を進めている。私にとってアベノミクスは零点だ」

経済政策としてのアベノミクスをめぐる議論はこれからも続く。

**日銀の世代間断絶**

この報告を始めるとき、主に三つの狙いを説明した。

一つは、安倍政権の経済政策は誰がどのように仕組んだのかの解明だった。

政策の立案はベクトルの引っ張り合いだと考えている。力の強い$\vec{a}$と力の弱い$\vec{b}$の合成べクトル（$\vec{a}+\vec{b}$）は、当然$\vec{a}$に引きずられたものとなる。

政権発足時にどのようなベクトルがどのくらいの強さで働いたのかは、野党だった自民党に群がる官僚たちの行動、経済学者の言う「首相の取り巻きたち」によるアドバイス、金融政策をめぐる暗闘、官邸と各省庁の関係、国際的反応への対処などの検証を通じて、ある程度解明できたのではないかと思う。

日銀と政府の関係を考えることも狙いの一つだった。

黒田が日銀のトップとなって以降、政府との間で世間に注目されるような対立が顕在化したことはない。消費税や国債発行問題をめぐってさざ波が立った程度だ。政府と鋭く対立した過去の面影はないし、審議委員もリフレ派を据えるなど「体制固め」が進んだ。

こんな現役の姿にOBたちは、「異様なくらい静かだ」「あいつらはなんで政府と戦わないんだ」と怒る。

しかし、このような批判に、行内のムードはさめている。

金融政策の立案に携わっていた現役幹部は「引き締め方向をイメージさせるだけの独立性という言葉はあまり好きではない。われわれは正副総裁の指示で動く当局者だ。肩ひじ張る必要もない」と話す。このような意見は現在の日銀では決して少数ではない。

また、黒田体制の下で金融政策決定会合の開催回数が削減されたことや、新たな引当金制度導入が実現したことなどを挙げ、「これらはみな閣議にかける政令事項。ところがすんなりと通った。やりたいことができている。政権も日銀の意見をよく聞いてくれる」と話す幹部もいる。以前なら政府との間でもめていた案件も、協力関係の下では問題なく決まっているというわけだ。

理事を務めていた門間はこう指摘する。

「昭和四〇年代までに入行した日銀マンはインフレの時代なども経験しているので独立性への強い思いがある。しかし、デフレのときには政府・日銀が一体となって対応する方が適切な場合もある。中央銀行の独立性が真に問われるのはインフレのリスクがあるとき。目先の景気を多少犠牲にしてでもインフレを防止しなければならない局面では、日銀と政府の意見が大きく食い違うこともありうるからだ」

アベノミクスの結果、日銀には世代間の断絶が見て取れる。これから異次元緩和を終えていわゆる出口に向かうとき、現象的には門間の言う「日銀と政府の意見が大きく食い違う」可能性は強い。次期総裁の下、中央銀行はどのように行動するのだろうか。

## 「一強」状態の政権を誰が抑えるのか

最後の狙いは、国家意思が貫徹していくプロセスを仔細にみていくことにより、権力の抑制という統治の基本原則が機能しているのか否かを考える端緒にしたいということだった。

安倍政権の五年間で、特定秘密保護法、安全保障関連法(安保法)、「共謀罪」の趣旨を盛り込んだ改正組織的犯罪処罰法など、賛否の大きく分かれた法案が、強引とも思われる手法により次々と成立した現実をみていると、制度面での相互抑制はこれでいいのだろうかと思わざるを得なかった。

「議院内閣制は四年間の独裁であり、不満なら選挙で政権を代えればいい」という反論が返ってくるかもしれない。しかし、その立論が成り立つには民意を正しく反映する選挙制度が必要となる。自民党が四八%の得票率で七五%の議席を獲得する(二〇一七年一〇月の衆院選小選挙区)という現行制度のもとで「四年間の独裁論」は意味をなさないのではないか。

問題は次のように言い換えられる。現代日本の議院内閣制の下で「一強」状態の政権が出現したとき、誰がそれを抑えるのか——。どのようにしたらアベノミクスをはじめとする政策を、チェック・アンド・バランスの「お白州」に引き出すことが可能となるのか——。

その答えとしては、あまりにも常識的ではあるが、国会の熟議とメディアの監視、そして最終的には民意を正しく反映できる選挙制度のもとでの国民の審判ということ以外に思い浮かばない。

「総裁辞任の可能性」という情報が首相側のもう一段の要求を押しとどめたものの、最終的には人事という別の札を切られてゲームセットになった政府と日銀の攻防。政治情勢や景気を判断した財務省が最初から戦いを放棄、事業規模二〇兆円という巨額の補正予算が組まれた第二の矢。政権交代を好機とみた官僚群が「世界常識」を掲げて厚生労働省の抵抗を鎮圧していったGPIF改革。

報告で示したこれら一つ一つの事例は、「国家の意思」が形成される際のせめぎ合い、大げさに言うならば議院内閣制におけるチェック・アンド・バランスの具体的プロセスとしてもとらえられる。ジャーナリズムによるこのような検証が、現代日本の議院内閣制の実態を考えるきっかけとなれば望外の幸いである。

いくつか付言したい。一七年九月、安倍政権は野党による臨時国会の開催要求を拒否し続け、召集したと思ったら論戦に臨むことなく解散に踏み切った。政治的戦術という観点からの評価を勘案したとしても、権力の相互抑制という基本原則が踏みにじられたという意味で重大な事態だったといわざるを得ない。また、野党の質問時間を制限するという行為が三権分立の理念からどれだけ逸脱したものなのかに支配政党が気づいていないとすれば、病は深刻だ。

さらに、「権力の監視」というメディアの役割を軽視する風潮が一部新聞人の間にまで生まれていることや、他社の記者の「質問狩り」的な記事やコラムがみられることにも注意を払う必要があるだろう。ジャーナリズムの劣化は民主主義の危機に直結する。

いつのころからだろうか。日本では「決められる政治が善」で「決められない政治は悪」というムードが定着してしまった。安倍も時折「決めた」ことを成果として強調する。しかし、それは時と場合によるはずだ。常に「決められる政治が善」なのであれば、その究極は独裁政治だろう。

一二年の暮れから一三年の初めにかけて固まったアベノミクスという経済政策は、今後もしばらく同じレールの上を走ることになりそうだ。日銀が決める金融政策も含めて、様々な分野での国家意思の形成は、今日も、明日もやむことはない。

しかし、PRやネーミングのうまさにばかり目を奪われると本質を見失う。

本当は何を決め、何を決めていないのか。それは何を意味するのか。権力を抑制するという観点から国会やメディアはそのフォローを真摯に続けていくことが求められている。

# あとがき

やっと、あとがきまでたどり着きました。書きたいことは書いたつもりなので、これ以上付け加えることはありません。

本来ならもっと早くに報告するべきテーマであったことは重々承知しているのですが、生来の怠け者ゆえ完成がここまでずれ込んでしまいました。ご寛恕いただければ幸いです。

とはいえ、経済政策のターニングポイントが近づいているときに「その時代」の原点をファクトで確認しておく重要性を考えれば、このタイミングになったことの意味は小さくないとも思われます。今だからこそ明らかになった資料や証言もあったわけですから。

お忙しい中、取材に応じていただいた方々には深甚の謝意を表したいと思います。多くが匿名を希望されたため具体的にお名前を記すことはできませんが、これらのご協力がなければこの報告が生まれることはありませんでした。

また、構想立案、取材、執筆の過程で様々な方々のお世話になりました。御礼を申し上げたいと思います。特に高橋亘・大阪経済大学教授には、ゲラに目を通していただき、経済・金融論の専門的な観点からいくつかのご指摘をいただきました。ありがとうございました。

残念ながら、興味深いお話をオンレコで聞かせていただいた元経団連常務理事の阿部泰久さんが二〇一七年一一月に急逝され、この報告が出来上がったことをお知らせできませんでした。「タイキューさん」のご冥福をお祈りいたします。

岩波書店の上田麻里さんには今回もお世話になりました。問題提起の鋭さやセンスの良さにはいつもながら圧倒されます。御礼申し上げます。私を支えてくれる家族に感謝するとともに、本書の完成を見ずして旅立っていった母と義父にこの報告を捧げます。

二〇一八年一月

軽部謙介

［巻末資料］

# 政府・日本銀行の共同声明

平成25年1月22日
内　閣　府
財　務　省
日　本　銀　行

デフレ脱却と持続的な経済成長の実現のため、政府・日本銀行は別紙のとおり政策連携を強化し、これを共同して公表するものとする。

## デフレ脱却と持続的な経済成長の実現のための政府・日本銀行の政策連携について
（共同声明）

1. デフレからの早期脱却と物価安定の下での持続的な経済成長の実現に向け、以下のとおり、政府及び日本銀行の政策連携を強化し、一体となって取り組む。

2. 日本銀行は、物価の安定を図ることを通じて国民経済の健全な発展に資することを理念として金融政策を運営するとともに、金融システムの安定確保を図る責務を負っている。その際、物価は短期的には様々な要因から影響を受けることを踏まえ、持続可能な物価の安定の実現を目指している。

　日本銀行は、今後、日本経済の競争力と成長力の強化に向けた幅広い主体の取組の進展に伴い持続可能な物価の安定と整合的な物価上昇率が高まっていくと認識している。

この認識に立って、日本銀行は、物価安定の目標を消費者物価の前年比上昇率で2% とする。

日本銀行は、上記の物価安定の目標の下、金融緩和を推進し、これをできるだけ早期に実現することを目指す。その際、日本銀行は、金融政策の効果波及には相応の時間を要することを踏まえ、金融面での不均衡の蓄積を含めたリスク要因を点検し、経済の持続的な成長を確保する観点から、問題が生じていないかどうかを確認していく。

3. 政府は、我が国経済の再生のため、機動的なマクロ経済政策運営に努めるとともに、日本経済再生本部の下、革新的研究開発への集中投入、イノベーション基盤の強化、大胆な規制・制度改革、税制の活用など思い切った政策を総動員し、経済構造の変革を図るなど、日本経済の競争力と成長力の強化に向けた取組を具体化し、これを強力に推進する。

また、政府は、日本銀行との連携強化にあたり、財政運営に対する信認を確保する観点から、持続可能な財政構造を確立するための取組を着実に推進する。

4. 経済財政諮問会議は、金融政策を含むマクロ経済政策運営の状況、その下での物価安定の目標に照らした物価の現状と今後の見通し、雇用情勢を含む経済・財政状況、経済構造改革の取組状況などについて、定期的に検証を行うものとする。

# 主な参考文献
（本文中に紹介したものを除く）


読売新聞(2012年11月16日付朝刊)
日本経済新聞(2012年11月27日付朝刊)
朝日新聞(2012年11月27日付朝刊)
時事通信配信記事(2012年11月17日，同11月27日，同12月5日，同12月10日，同12月12日，同12月16日，同12月25日，2013年2月12日，同6月5日)
金融政策決定会合議事要旨(2013年1月21日・22日開催分，同4月3日・4日開催分)
日本銀行ホームページ公表資料・広報活動(2012年11月20日)
群馬県金融経済懇話会における佐藤審議委員の挨拶要旨(2013年2月6日)
神奈川県金融経済懇話会における木内審議委員の挨拶要旨(2013年2月28日)
旭川市金融経済懇話会における白井審議委員の挨拶要旨(2013年6月13日)
経済同友会代表幹事年頭見解(2013年1月1日，経済同友会ホームページ)
経済財政諮問会議議事録(2013年1月9日・22日開催分)
産業競争力会議議事録(2013年1月23日開催分)，同テーマ別会合議事録(同4月3日開催分)
国会議事録(2012年11月14日)
首相官邸ホームページ内閣総理大臣記者会見(2013年1月11日)

「アベノミクスの実相と安倍政権」(『Journalism』2017年12月号所収)
「日本国憲法研究　中央銀行論」(『論究ジュリスト』2016年冬号所収)
高橋亘「中央銀行制度改革の政治経済的分析」(ディスカッションペーパー，神戸大学経済経営研究所，2013年)
石井裕晶「「アベノミクス」と経済の好循環の実現に向けて」(『時評』2014年7月号所収)

主な参考文献

赤石浩一「「アベノミクス」わが国の構造改革を目指して」(『時評』2015年1月号所収)

明石順平『アベノミクスによろしく』(インターナショナル新書, 2017年)
安倍晋三『新しい国へ』(文春新書, 2013年)
伊東光晴『アベノミクス批判』(岩波書店, 2014年)
伊藤裕香子『消費税日記』(プレジデント社, 2013年)
岩田規久男『リフレは正しい』(PHP研究所, 2013年)
岡崎哲二『経済史から考える』(日本経済新聞出版社, 2017年)
小野展克『黒田日銀 最後の賭け』(文春新書, 2015年)
加藤創太・小林慶一郎編著『財政と民主主義』(日本経済新聞出版社, 2017年)
木内登英『異次元緩和の真実』(日本経済新聞出版社, 2017年)
鯨岡仁『日銀と政治』(朝日新聞出版, 2017年)
倉重篤郎『日本の死に至る病 アベノミクスの罪と罰』(河出書房新社, 2016年)
清水功哉『デフレ最終戦争』(日本経済新聞出版社, 2016年)
白井さゆり『超金融緩和からの脱却』(日本経済新聞出版社, 2016年)
滝田洋一『今そこにあるバブル』(日経プレミアシリーズ, 2017年)
竹中治堅『首相支配』(中公新書, 2006年)
竹中治堅『二つの政権交代』(勁草書房, 2017年)
田﨑史郎『安倍官邸の正体』(講談社現代新書, 2014年)
日本経済研究センター編『激論マイナス金利政策』(日本経済新聞出版社, 2016年)
野口旭編『経済政策形成の研究』(ナカニシヤ出版, 2007年)
野口悠紀雄『異次元緩和の終焉』(日本経済新聞出版社, 2017年)
服部茂幸『アベノミクスの終焉』(岩波新書, 2014年)
服部茂幸『偽りの経済政策』(岩波新書, 2017年)
浜田宏一『アメリカは日本経済の復活を知っている』(講談社, 2013年)
原真人『日本「一発屋」論』(朝日新書, 2016年)
藤井聡『「スーパー新幹線」が日本を救う』(文春新書, 2016年)

本田悦朗『アベノミクスの真実』(幻冬舎，2013 年)
松元崇『恐慌に立ち向かった男 高橋是清』(中公文庫，2012 年)
吉川洋『デフレーション』(日本経済新聞出版社，2013 年)

軽部謙介

1955年8月東京都生まれ．
1979年早稲田大学卒業，同年時事通信社入社．社会部，福岡支社，那覇支局などを経て東京本社経済部へ．ワシントン支局特派員(92-96年)，経済部次長，ワシントン支局長(2004-07年)，ニューヨーク総局長(07-09年)，編集局次長，解説委員長等を経て，現在，時事通信社解説委員．
著書—『Political Appointees』(フリープレス)
『日米コメ交渉』(中公新書，農業ジャーナリスト賞受賞)
『検証 経済失政』(共著)，『ドキュメント 機密公電』『ドキュメント ゼロ金利』『ドキュメント 沖縄経済処分』『検証 バブル失政』(以上，岩波書店)，『ドキュメント アメリカの金権政治』(岩波新書)

官僚たちのアベノミクス
——異形の経済政策はいかに作られたか
岩波新書(新赤版)1703

2018年2月20日　第1刷発行
2018年4月16日　第3刷発行

著　者　軽部謙介《かるべけんすけ》

発行者　岡本　厚

発行所　株式会社 岩波書店
〒101-8002 東京都千代田区一ツ橋2-5-5
案内 03-5210-4000　営業部 03-5210-4111
http://www.iwanami.co.jp/

新書編集部 03-5210-4054
http://www.iwanamishinsho.com/

印刷・理想社　カバー・半七印刷　製本・中永製本


ISBN 978-4-00-431703-6　　Printed in Japan

# 岩波新書新赤版一〇〇〇点に際して

ひとつの時代が終わったと言われて久しい。だが、その先にいかなる時代を展望するのか、私たちはその輪郭すら描きえていない。二〇世紀から持ち越した課題の多くは、未だ解決の緒を見つけることのできないままであり、二一世紀が新たに招きよせた問題も少なくない。グローバル資本主義の浸透、憎悪の連鎖、暴力の応酬――世界は混沌として深い不安の只中にある。

現代社会においては変化が常態となり、速さと新しさに絶対的な価値が与えられた。消費社会の深化と情報技術の革命は、種々の境界を無くし、人々の生活やコミュニケーションの様式を根底から変容させてきた。ライフスタイルは多様化し、一面では個人の生き方をそれぞれが選びとる時代が始まっている。同時に、新たな格差が生まれ、様々な次元での亀裂や分断が深まっている。社会や歴史に対する意識が揺らぎ、普遍的な理念に対する根本的な懐疑や、現実を変えることへの無力感がひそかに根を張りつつある。そして生きることに誰もが困難を覚える時代が到来している。

しかし、日常生活のそれぞれの場で、自由と民主主義を獲得し実践することを通じて、私たち自身がそうした閉塞を乗り超え、希望の時代の幕開けを告げてゆくことは不可能ではあるまい。そのために、いま求められていること――それは、個と個の間で開かれた対話を積み重ねながら、人間らしく生きることの条件について一人ひとりが粘り強く思考することではないか。その営みの糧となるものが、教養に外ならないと私たちは考える。歴史とは何か、よく生きるとはいかなることか、世界そして人間はどこへ向かうべきなのか――こうした根源的な問いとの格闘が、文化と知の厚みを作り出し、個人と社会を支える基盤としての教養となった。まさにそのような教養への道案内こそ、岩波新書が創刊以来、追求してきたことである。

岩波新書は、日中戦争下の一九三八年一一月に赤版として創刊された。創刊の辞は、道義の精神に則らない日本の行動を憂慮し、批判的精神と良心的行動の欠如を戒めつつ、現代人の現代的教養を刊行の目的とする、と謳っている。以後、青版、黄版、新赤版と装いを改めながら、合計二五〇〇点余りを世に問うてきた。そして、いままた新赤版が一〇〇〇点を迎えたのを機に、人間の理性と良心への信頼を再確認し、それに裏打ちされた文化を培っていく決意を込めて、新しい装丁のもとに再出発したいと思う。一冊一冊から吹き出す新風が一人でも多くの読者の許に届くこと、そして希望ある時代への想像力を豊かにかき立てることを切に願う。

（二〇〇六年四月）